RO
DRI
GUINHO

CARREIRA, FAMÍLIA,
PROPÓSITO E LEGADO

© Editora Reflexão, 2021 – Todos os direitos reservados.

© Rodriguinho

Editora Executiva: **Caroline Dias de Freitas**
Foto da capa: **Thiago Bruno**
Capa: **César Oliveira**
Revisão: **Cláudia Inaba**
Diagramação e Projeto gráfico: **Estúdio Caverna**
Impressão: **Meta Brasil**

1ª Edição – Julho/2021

S583r	Silva, Rodrigo Fernando do Amaral
	    Rodriguinho: Carreira, Família, Propósito e Legado.
	São Paulo: Editora Reflexão: Disrup Talks, 2021.
	    128p.; 30 cm
	
	    ISBN: 978-65-5619-068-6
	
	        1. Cantor. 2. Biografia. 3. Samba. 4. Produtor musical.
	    5. Os Travessos. I. Editora Reflexão. II. Disrup Talks. III. Rodriguinho.
	
	                                                                                CDU: 78

Ficha Catalográfica elaborada pela Bibliotecária Kelly dos Santos - CRB-8/9108

Editora Reflexão
Rua Salvador Mastropietro, 239 – Vila Prudente – 03156-240 – São Paulo, SP
Fone: (11) 4107-6068 / 97651-4243
www.editorareflexao.com.br
atendimento@editorareflexao.com.br

Todos os direitos reservados. Nenhuma parte desta obra pode ser reproduzida ou transmitida por quaisquer meios (eletrônico ou mecânico, incluindo fotocópia e gravação) ou arquivada em qualquer sistema ou banco de dados sem permissão escrita da Editora Reflexão.

Fui convidado a produzir uns meninos que eram a dissidência do "Toca do Coelho", grupo de samba infantil famoso nos anos de 1980. Estúdio Veridiana, bairro da Santa Cecília, em São Paulo.

Em meio ao regozijo das gravações, um das músicas necessitava de uma violão ousado. Rodriguinho já "adolescente" pediu pra gravar, eu ressabiado, concordei.

Ali iniciava-se a trajetória de um músico criativo, inquieto, rebelde, popular, que controlava suas ações de acordo com sua convicção, e assim, construiu-se um estilo, um jeito.

Rodriguinho hoje é referência, ele começou nos anos mágicos do pagode 90, mas transcende aquela década, e se faz presente com suas ideias originais nas revoluções digitais que a música sofreu; porém não sofreu, ele passeou.

Sinto-me privilegiado em descobrir um talento assim provocativo. Sua música não envelhece, atualiza.

Só nos resta reverenciar sua história e nos deliciar com suas melodias, suas rimas, suas misturas.

Rodrigo, sua intensidade musical nos faz bem e como cada sonho pode ser palpável. Pra você parece mais fácil, só nos resta te aplaudir e aprender com você.

Te amo, meu irmão.

Leandro Lehart

A amizade é tudo

Eu vejo um Rodrigo que nem ele vê. Uma das pessoas mais inteligentes e amáveis que conheço. Um coração do tamanho do talento! Uma paixão pela música que eu desconhecia. Uma vida totalmente entregue à música. E quem ganha com isso é o Brasil e, principalmente, o samba.

Cresci admirador da ousadia do Rodrigo. Uma coragem artística surreal. Visualmente e musicalmente, o Rodrigo nos mostrou um caminho pop no samba. Contribuição e influência direta na vida de quem cresceu ouvindo samba nos anos 90/2000.

Falando da nossa amizade, ficaria aqui até a outra vida contando e cantando histórias maravilhosas... E na outra vida, quero vir sua dupla novamente, meu amigo!

Obrigado por me ajudar a ser quem sou! É uma honra quando confundem meu nome com o seu, pois sempre foi um sonho te conhecer! Mas, Deus me deu mais... me deu um irmão... que me ajuda em todos os momentos da minha vida!

Amo você e sua família! E que ótimo contar pro Brasil o caminho que te fez um dos maiores artistas desse nosso país. Esse é o revolucionário e evolucionário, Rodriguinho. Conta comigo pra TUDO, PretoShow, pois a amizade é.

Thiaguinho

Rodrigo, Bradock, Mermão ou Rodriguinho... Conheci esse irmão no início dos anos 90, não sei precisar o ano, mas sei que o trabalho que realizamos com "Os Travessos", foi o divisor de águas do pagode. Até então, não tínhamos um pagode com rap no cenário da música brasileira. Depois do êxito desse projeto, todo o segmento viu que era possível alçar voos mais altos, buscar outras fusões rítmicas e melódicas e ousar um pouco mais na sensualidade das letras e etc.

Tudo o que vivemos, tudo o que fizemos, tudo o que representamos e tudo o que somos (Rodriguinho e eu), não caberá em um texto resumido, é necessário um volume com milhares de páginas.

Prateado
Produtor musical

Rodrigo é um artista muito dedicado, fora dos padrões. Pensa à frente do seu tempo e sempre está inovando. Valoriza muito sua equipe, sua banda... e se está trabalhando com ele, é porque realmente é bom, pois ele é bem exigente. Foi um aprendizado pra mim ao trabalhar todos os anos com ele.

Como pessoa, Rodrigo é difícil (risos), turrão, teimoso do contra... mas tem um coração enorme e ajuda a todos que pode, até mesmo quando não pode. Acho que algumas circunstâncias da vida o fizeram rever alguns conceitos, e hoje o sinto muito mais suscetível à mudanças e, consequentemente, melhoras.

Nanah

Rodrigo é incrível e, ao mesmo tempo, uma criança; é um cara com uma responsabilidade e caráter sem fim. Me orgulho de trabalhar com ele esses anos todos.

Rogério Dias
Empresário

Sumário

Capítulo 1 9
Meus primeiros anos de vida

Capítulo 2 19
Minha entrada no grupo "Toca do Coelho"

Capítulo 3 29
O grupo "Muleke Travesso"

Capítulo 4 35
O sucesso do grupo "Os Travessos"

Capítulo 5 53
A carreira solo

Capítulo 6 63
O breve retorno ao grupo "Os Travessos"
      e a nova fase de carreira solo

Capítulo 7 71
Relacionamentos

Capítulo 8 89
Um novo legado

Capítulo 9 99
A carreira de produtor

Capítulo 10 111
Os filhos

Capítulo 11 117
Lições da vida artística

Capítulo 1

Meus primeiros anos de vida

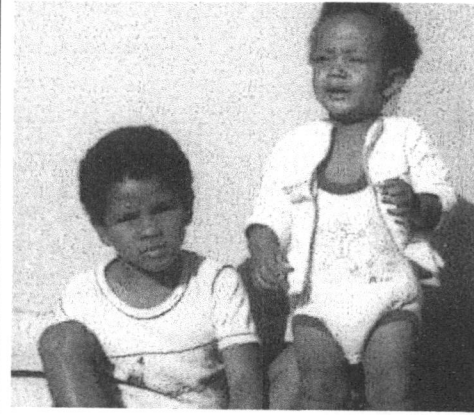

Acervo pessoal

Meu nome é Rodrigo Fernando do Amaral Silva, o "Rodriguinho". Nasci em Bauru, em 27 de fevereiro de 1978. Todos os meus familiares são dessa cidade. Mas minha família (meu pai e minha mãe) se mudou para São Paulo quando eu tinha apenas um ano de idade. Três anos depois, nasceu meu irmão. Ele nasceu em Bauru. Nossa diferença de idade é de quatro anos. Minha infância e adolescência foram vividos no Jardim Helena, em São Miguel Paulista, na Zona Leste de São Paulo, onde vivi até os 18 anos de idade.

Eu tinha mais afinidade com a família da minha mãe, apesar de também ter um bom contato com a família do meu pai. A família do meu pai sempre foi evangélica, e a da minha mãe era católica e mais festeira. E isso, na época, dificultava um pouco as duas se juntarem. Mesmo a gente tendo se mudado para São Paulo, todos os finais de semana íamos para Bauru ver a família. E, em todos esses finais de semana tinha alguma festa, muita música e muita diversão.

A música sempre esteve presente na minha família. Alguns dos meus tios e primos maternos eram instrumentistas. O tio Moacir tocava bateria, o tio Toninho tocava teclado, o tio João tocava pandeiro e cantava, meu primo Rinaldo tocava na banda da Polícia Militar e meu primo Ed tocava violão. Meus primos tinham um grupo de samba e tocavam na noite. Minha mãe também tinha um primo que tocava violão. O meu tio, que era baterista, chegou a tocar com as duplas sertanejas João Mineiro e Marciano e Milionário e José Rico. Às vezes, os meus tios e esse primo da minha mãe se juntavam para tocar. Eram momentos muito bacanas, muito divertidos.

Mas, nessa época eu ainda não tinha me encontrado com a música, no sentido de desejar atuar profissionalmente com ela. Por ironia da vida, eu comecei a me interessar mais pela música por meio

1. MEUS PRIMEIROS ANOS DE VIDA

da família do meu pai, quando eu tinha aproximadamente uns sete anos de idade. Um primo meu, o Gugu, que era uma "ovelha negra" (na minha ótica, claro, risos) da família, foi quem me introduziu no mundo do rock. Ele gostava de bandas como Iron Maiden, Metallica, Kiss e outras do segmento de Heavy Metal.

O Gugu era uns oito anos mais velho do que eu e sempre cantava essas músicas. Elas já me chamavam a atenção, e as caveiras dos encartes dos discos do Iron Maiden também me deixavam super curioso e interessado em ouvir as músicas. Os integrantes da banda Kiss também eram atrativos, pois eles andavam com o rosto pintado, colocavam as línguas para fora da boca e tinham músicas boas.

Nessa mesma época, um dos meus tios, o Moacir, me deu um par de baquetas da bateria dele e eu improvisei uma bateria de latinhas e ficava tocando. Eu nem imaginava ainda que se usava os pés também para tocar bateria. Na minha mente, eram apenas os braços. Mas, eu me divertia tocando aquelas latinhas improvisadas. Inclusive, até gravava minhas batidas num duplo deck, imitava o som de guitarra com a minha boca e fazia umas letras de rock. Aí criei uma banda com meu irmão, o Dan (Daniel), e um amiguinho do prédio. O nome da banda era "Energia Vital". Hoje, eu olho para trás e não sei de onde tirei essa criatividade do nome da banda, mas a diversão era grande.

Outro fato engraçado era que, apesar de termos essa banda, era só eu quem gravava, tocava, cantava, fazia o som de guitarra e de teclado com a boca. Eu quem fazia tudo! O que eles faziam então? Você deve estar se perguntando. Eles dublavam quando eu soltava a música. Mas, eu não gostava ainda de cantar. Gostava mais de tocar. Fazíamos fitas K7 e espalhávamos pelo prédio. Colocávamos as fitas por debaixo das portas do prédio e ainda nos apresentávamos para o prédio.

Foi nessa época que eu comecei realmente a gostar de música. Mas meu gosto era pelo rock, ao passo que minha família gostava de samba. Samba não me atraía ainda. Estava me descobrindo na música, tanto que, algum tempo depois, quando eu tinha uns dez anos de idade, passei a gostar de hip-hop. A MTV tinha chegado recentemente ao Brasil e um programa que eu sempre assistia era o "Yo! MTV Raps", passava por volta das 11 horas da noite. Aí eu ficava sempre esperando passar para gravar os clipes em fitas cassetes. Eu adorava aquilo. Assim, eu dei uma migrada para o hip-hop. Ainda não tinha samba!

Meu irmão, no entanto, já gostava de samba nessa época. Eu me lembro que tínhamos uns primos mais distantes aqui em São Paulo, da região da Casa Verde, e quando íamos visitá-los nos deparávamos com festas e shows de pagode, os "pagodões", que aconteciam por lá, ao ponto de fecharem algumas ruas.

Meu irmão era fã de um grupo de pagode formado por crianças, mas que não cantava exatamente para crianças, o "Toca do Coelho". Esse grupo foi formado pelo Juldete Coelho, que reuniu, em 1982, os quatro sobrinhos dele para cantarem e evitar que eles trilhassem por com caminhos ruins, pois eles moravam numa região violenta da Zona Leste de São Paulo. Além do "Toca", meu irmão também gostava de ouvir "Fundo de Quintal". Quando saíamos no carro, indo para Bauru ou outro lugar, só tocavam as músicas dele, as do meu gosto, não. Eram sempre "Toca do Coelho" e "Fundo de Quintal".

Um dia, meu pai ficou sabendo que o "Toca do Coelho" ia se apresentar perto de onde morávamos, no "Stock Way Bar". Meu pai

1. MEUS PRIMEIROS ANOS DE VIDA

estava bastante animado com o show e me chamava para ir junto com a família, mas eu não me sentia com a mesma empolgação. Aquela coisa de adolescente. Eu dizia: "Que isso, pai, eu vou assistir 'Toca do Coelho'? De jeito nenhum!". Mas, naqueles dias não tinha muito como eu dizer que não queria ir. Se o pai quisesse ir a algum lugar, mesmo que fosse na casa de um amigo 'chato' (para a criança, claro), o filho tinha que ir. Então, meu pai disse: "Você vai, vai a família inteira. Você vai!". E eu não tinha como não dar outra resposta: "Tá bom, pai, eu vou".

Às nove horas da noite a gente se arrumou e saiu para ir ao show. O bar era grande e usava como estacionamento um mercado que ficava fechado à noite. Porém, o lugar estava vazio. Só tinha o nosso carro. Eu fiquei animado. Pensei que não ia ter nenhum show e que voltaríamos rapidamente para casa. Mas meu pai não queria pensar assim. Ele desceu do carro e se dirigiu até a mulher que estava trabalhando no bar, varrendo o estabelecimento, a Dona Marli, esposa do fundador do "Toca do Coelho". Eles conversaram por pouco tempo. De repente, meu pai voltou com a notícia: "Ela disse que vai acontecer sim, mas que chegamos cedo. O evento está marcado para acontecer das 22h às 4h".

Ou seja, aquele evento era mais uma "balada", mas como a gente não saía muito, éramos mais juvenis, então não tínhamos muita ideia de como pensar exatamente. Uma balada que começa às 22h só começa a ter as pessoas chegando bem mais tarde, pelas 23:30h. Mas meu pai pensou que chegando cedo, garantiria lugar, pois imaginava que estaria muito cheio no local. O show do "Toca" mesmo, só estava marcado para às 2h da madrugada.

Meu pai voltou um pouco surpreso porque o grupo era formado por crianças, talvez uma faixa etária de oito anos, aproximadamente.

Ele dizia: "Como pode, né? Crianças, às 2h da manhã? Como pode?" Afinal, não era uma matinê. A mulher, com um pouco de empatia por ele, disse para que voltasse naquele horário e o presenteou, doando os ingressos.

Porém, enquanto voltávamos para a casa, meu irmão dormiu. Ele era bem novinho. Tinha apenas cinco ou seis anos na época. Ele foi levado para a cama no colo. Eu fiquei feliz, pensando que não precisaríamos mais ir ao show, mas meu pai me jogou um banho de água fria, dizendo: "A gente vai sim, a gente o acorda e vai para o show". Então, ficamos assistindo TV e, quando deu meia noite, meu pai se levantou e disse: "Vamos!" Ainda questionamos, se não era cedo, já que o show do "Toca" mesmo era somente às 2h. Mas ele queria ir mais cedo e curtir um pouco o lugar.

Tentamos acordar meu irmão, mas ele estava com o sono pesado e não despertava. Meu pai pediu para a vizinha deixá-lo dormindo em sua casa, para não o deixarmos sozinho. Como morávamos em prédios pequenos e todos se conheciam, a vizinha não se opôs. Assim, deixamos meu irmão com essa moça e fomos para o bar. Dessa vez, o estacionamento já estava lotado. O som, bem alto. Muitos adultos. Aliás, eu era a única criança no local.

Quando entramos, meu pai visualizou um mezanino e foi em busca de informação de como poderíamos ficar ali. A Dona Marli imediatamente se predispôs em nos ajudar e disse que poderíamos ficar lá tranquilamente, sem nenhum problema, principalmente porque eu era a única criança ali. A localização do mezanino era privilegiada, pois conseguíamos ver o palco bem de perto e um pouco de cima.

Foi ali que eu comecei a ter mais contato com o samba e que realmente comecei a gostar. Um grupo de samba estava se apresentando quando chegamos e aquela alegria toda me animou e me fez entender esse estilo musical de outra forma, a ter outra perspectiva.

Do mezanino também havia uma fresta que me permitia ver o estacionamento. Eu ficava olhando lá de cima com a expectativa de que mais crianças chegassem. Então, pouco tempo depois, eu vi uma Kombi parando e um grupo de crianças descendo. "Não é que vieram crianças mesmo?" Eu pensava. O grupo era formado por uma menina e quatro meninos. Eles desceram da Kombi com aquele rosto de quem está acordando e vieram conduzidos pelo Coelho que, ao entrar, beijou sua esposa, e foi para o palco organizar os microfones para as crianças.

O Coelho era uma figura muito legal e central no grupo. Ele era tudo ali: o técnico, o empresário, quem testava o som, quem organizava os instrumentos etc. As crianças passaram perto do público e foram para uma salinha, um camarim, para aguardar o show começar. Pouco tempo depois, o Coelho anunciou: "Com vocês, 'Toca do Coelho'". Era aniversário de seis anos do grupo e já era a sexta formação.

Quando elas começaram a tocar, eu fiquei bastante empolgado: elas estavam tocando de verdade. Crianças tocando e cantando! E melhor que o grupo que estava se apresentando antes. Como eu os tinha visto saindo da Kombi com aquela fisionomia de sono e um pouco de mal humor de quem acorda no meio de um sono gostoso, eu ficava ainda mais intrigado com o modo como eles cantavam, tocavam muito bem, e agora com uma fisionomia bem diferente: de alegria e repleta de sorrisos!

Naquela noite, dois integrantes do grupo, que são irmãos, brigaram no palco, o Mitcho e o Chorão. O Chorão (que até hoje faz parte do "Os Travessos") estava tocando repique e acabou dormindo. Então, o Mitcho, tocando pandeiro, vendo o irmão dormindo, chamava e não adiantava. Então, ele deu um tapa na cabeça do Chorão, que acordou assustado e chutou a canela do irmão. O público gritava emocionado, achando que aquilo era uma encenação que fazia parte do show. Naquele momento, eu mesmo pensei que era parte. Só fui descobrir que não era parte do show quando eu os conheci.

Como meu irmão não foi, ficamos tirando fotos em vários lugares, para mostrar depois para ele. Como o lugar estava cheio, minha mãe adotou a seguinte estratégia: me colocou no seu colo e passou pelas pessoas, pois vendo uma "criança de colo", dariam alguma preferência. Consegui ficar bem de frente com o palco, bem diante das crianças.

Como era aniversário do grupo, eles ganharam um bolo comemorativo por parte do empresário, o Coelho. Ao cortar o bolo, a vocalista da banda, a Juliana, perguntava: "O primeiro pedaço de bolo vai para quem?" E as pessoas gritavam, cada um de seu lugar, "Para mim, para mim", num burburinho forte. Porém, a vocalista deu o primeiro pedaço para mim, dizendo: "Como ele é a única criança que está aqui hoje, vamos dar para ele". E, assim, ganhei emocionado aquele primeiro pedaço de bolo. Ela foi minha primeira namorada. Eu me apaixonei por ela naquela hora mesmo. Eu cheguei ali não querendo estar. Cheguei não gostando de samba. E saí fã do "Toca do Coelho".

Meu pai também gostou do lugar e passou a frequentar ali mais vezes. Noutras vezes, o bar recebeu figuras famosas, como Zeca Pagodinho, Almir Guineto, Cravo e Canela e Fundo de Quintal. De tanto frequentar o bar, meu pai acabou ficando amigo do Coelho e dos garçons. Um dia, no final do show, o Zeca Pagodinho pegou meu irmão no colo, desceu para comer, beber alguma coisa e aguardar sua saída de retorno para o Rio de Janeiro e ficou conversando com meu pai.

Capítulo 2

Minha entrada no grupo "Toca do Coelho"

Foi quando num desses dias em que meu pai estava no bar, ele me pediu para ir buscar uma porção de fritas e, o Coelho, quando me viu, me parou e perguntou se eu não gostaria de entrar no grupo. Eu nem pensei duas vezes. Já disse logo: "Lógico que quero!" Ele perguntou: "Seu pai deixa?" E eu respondi: "Lógico que deixa!" Então o Coelho me explicou que o menino do pandeiro ia sair do grupo e que eu poderia entrar no lugar dele. Esse garoto era o Rodrigão, que até hoje faz parte do grupo "Os Travessos".

O Coelho me perguntou se eu tocava algum instrumento e eu já falei logo que tocava pandeiro. Detalhe: eu nunca tinha tocado pandeiro na minha vida! Mas, eu não podia perder aquela oportunidade!

Ele pediu para chamar o meu pai para conversarmos. Meu pai desceu comigo e perguntou ao Coelho: "Você chamou o meu filho para entrar no 'Toca do Coelho'"? Ele respondeu: "Sim, tem um menino que toca pandeiro que está saindo do grupo e o seu filho me disse que toca pandeiro". Meu pai só me olhou meio de banda, como quem dizia, "Que moleque malandro". Isso aconteceu numa madrugada de sexta-feira para sábado. E o Coelho disse que eu precisava aparecer lá de novo, no domingo, às 18h para fazer um teste.

No sábado bem cedo a gente já acordou para providenciar um pandeiro e, enquanto isso, meu pai já ia me dando broncas, aquela coisa realmente de pai. Fomos à uma loja de discos e compramos um pandeiro mais leve, de plástico, e comecei a bater. Meu pai já me olhava preocupado, porque eu não sabia bater aquilo direito. Ele estava preocupado com o que aconteceria no domingo e eu passei o sábado todo batendo naquele pandeiro. Minha mãe já conversava com meu pai para que no domingo cedo eles procurassem o Coelho a fim de pedir desculpas. Eu ouvi aquilo e fiquei muito triste.

2. MINHA ENTRADA NO GRUPO "TOCA DO COELHO"

Porém, no domingo de manhã, por volta das 10h, meu primo Rinaldo, que era da Polícia Militar, chegou em nossa casa, vindo de Bauru, ainda fardado, pedindo para ficar lá em casa aquele dia, pois teria ensaio da banda às 14h. Ele tocava trompete na banda da polícia. Minha mãe o recebeu de bom grado e ele foi tomar um café. Enquanto isso, eu fazia os meus barulhos com o pandeiro. Meu primo se surpreendeu com meus batuques e perguntou: "Ah, você está tocando pandeiro agora?" Foi quando minha mãe me entregou, dizendo que eu não tocava nada e que caí na besteira de dizer para o Coelho que eu sabia tocar aquele instrumento e que tinha um teste naquele dia mais tarde.

Meu primo resolveu me ensinar. Ele me explicava as posições da mão: "Primeiro dedão, parte da frente, parte de trás etc.". Em uma hora eu estava tocando! Ele me sugeriu de ouvir alguns discos do meu pai e acompanhar. Eu me empolguei tanto que já estava até rodando pandeiro na mão.

Foi com essa mesma empolgação que cheguei no teste. Já cheguei rodando o pandeiro na mão. Mas levei uma bronca do Coelho, que me disse que ali não era escola de samba. Os testes começaram. Ele me pediu para tocar em várias velocidades e eu assim fazia. Porém, umas três outras coisas que ele me pediu eu não sabia ainda. Mesmo assim, o Coelho disse: "Bem, o arroz com feijão você sabe. Gostei. Você é bonitinho para o grupo, acho que vai ser legal. Vou te mandar para a casa de um menino para ele te ensinar a tocar. O Mitcho vai te ensinar a tocar".

Esse menino não era o que estava saindo. Ele tocava outro instrumento. Uma das estratégias do Coelho era que todos os integrantes soubessem tocar tudo, pois como o grupo sempre passava por rotatividade, isso facilitava a entrada dos novos integrantes.

O apelido do Mitcho era "Risadinha". Combinei de ir até à casa dele para ter as aulas. Meu irmão estava bem empolgado com a ideia de eu fazer parte do grupo que ele era fã. No carro, a gente já sonhava com muitas coisas. Dizíamos que nossa mãe não precisaria mais trabalhar. E imaginávamos o que faríamos com o dinheiro que ganharíamos.

Chegamos diante de uma casa ampla, com um portão enorme. Ume casa belíssima. Meu pai desceu do carro e foi chamar o "Risadinha". Quando atenderam, e ele perguntou pelo "Risadinha"; o homem que atendeu já foi logo direto, dizendo que ali não morava ninguém com aquele nome. Meu pai explicou melhor. Disse que foi até ali para procurar um garoto que ensinaria seu filho a tocar pandeiro e que quem passou o endereço foi o Coelho, do "Toca do Coelho". O homem explicou que o endereço era outro e que o menino morava na casa de frente.

Viramos para o outro lado. A casa era bem diferente, bem mais simples. Longe do que imaginávamos ser a casa de um artista. Havia um fusca enferrujado parado ali. Nossa casa e nosso carro eram melhores do que o que vimos. Todo aquele sonho que tínhamos no carro foi abalado. Batemos palma, para chamar quem morava ali. Um basculante abriu, um rosto apareceu, e perguntamos: "o 'Risadinha' mora aqui"? E torcíamos para que fosse dito que não. Mas a resposta foi: "Ele mora aqui sim". O menino não estava em casa naquele dia, mas combinamos de voltar no dia seguinte, às 10h.

Meus pais, entretanto, trabalhavam naquele horário, não poderiam me levar. Mas eu insisti que me deixassem ir sozinho, de ônibus. Eles deixaram, explicaram todos os procedimentos, e no dia seguinte fui para lá, com meu pandeiro debaixo do braço. Risadinha e Chorão estavam ambos, dormindo. A irmã deles me recebeu e me disse para

2. MINHA ENTRADA NO GRUPO "TOCA DO COELHO"

entrar e acordá-los. Confesso que fiquei um pouco constrangido, afinal, como eu iria acordar alguém que não me conhecia ainda, que não tinha intimidade comigo? Eu fiquei no quarto deles esperando que eles acordassem. Depois de alguns minutos, quando um dos dois fez um movimento na beliche, eu também fiz outro barulho para que ele acordasse.

Ele acordou, mas não me reconhecendo, logo perguntou: "Quem é você?" "Eu sou o Rodrigo", respondi, "o Coelho me mandou aqui fazer aula com você". Então, ele respondeu: "Não, não é comigo não. É com o meu irmão". Então dando algumas cutucadas no seu irmão, dizia, "Mitcho, Mitcho", que acordou bravo, questionando: "O que foi?!" O Chorão explicou que o Coelho havia enviado um menino para aprender pandeiro com ele. O menino, na verdade, um adolescente de 14 anos de idade, respondia: "Mas o Coelho não me avisou nada! Ele está pensando que sou empregado dele?" E eu, com meus dez anos de idade, ficava com um pouco de medo ali, mas ao mesmo tempo otimista que aprenderia a tocar.

Ele me levou para uma salinha separada, e enquanto eu o seguia desde o seu quarto até esse local, percebia uma série de imagens que fazia parte do candomblé. A salinha, inclusive, era o local onde as reuniões do candomblé aconteciam. Eu não sabia muito bem o que era, mas só olhava um pouco todos aqueles símbolos religiosos.

Ele pegou o meu pandeiro e, em 30 segundos fez tudo o que podia ser feito com aquele instrumento. Logo em seguida, me pediu para tocar alguma coisa. Ele viu que eu sabia o básico e começou a ajudar. Ainda um pouco tímido, eu comecei a tocar encostado na parede, mas ele logo chamou minha atenção dizendo que no palco não vamos encostar em lugar nenhum, que temos que estar de frente para o público. Ele me cobrava postura e ensinava os movimentos. Me deixou sozinho ali e foi para o lado de fora, onde ouvia, cobrava e soltava pipa, o que percebi depois. Éramos uma criança ensinando outra.

Eu ainda não estava no grupo. Precisava aprender. Mas nesse ínterim, fomos ficando amigos. Tanto que, em algumas viagens para Bauru, o "Risadinha" chegou a ir conosco. Depois de um mês de aulas, fiz um novo teste. Eu imaginava que estaria dentro, afinal, já tinha feito amizade com todos os integrantes e tinha aprendido bastante a tocar. Porém, no dia do teste havia outro menino, o Maurício, para fazer o teste também, e ele era irmão do cavaquinista do grupo. Para me deixar ainda mais angustiado, ele tocava todos os instrumentos. O Mitcho, porém, me dizia para ficar tranquilo: "Fui eu quem te treinei, vai dar certo".

O Coelho chamou para o teste. O Maurício foi primeiro. Eu o ouvia tocando o pandeiro. Ouvia tocando outros instrumentos também. E na minha mente, eu pensava: "dancei". Minha mãe segurava minha mão. De repente, foi solicitado que ele cantasse, mas não foi bem nessa parte. Chegou minha vez. Toquei o pandeiro. Foi perguntado se eu sabia outro instrumento, eu disse que não. Perguntou, então, se eu sabia cantar. Minha resposta foi: "Não sei se eu sei cantar". Ele me testou no vocal então. Eu cantava e olhava para ele, esperando algum feedback. O Coelho dizia que eu cantava bem. Então, fui me soltando.

Chegou a hora da verdade, a hora da decisão. Estavam ali no júri o Faeti, pai da menina vocalista, que era músico e gravava com muita gente. Marli, sua esposa, e mãe da menina vocalista. E a Dona Marli, esposa do Coelho. Fomos colocados à prova ali mesmo, diante

2. **MINHA ENTRADA NO GRUPO "TOCA DO COELHO"**

dos três, que opinavam diante de nós. O Faeti optou pelo Maurício, justificando sua decisão a partir da versatilidade que o menino tinha com os instrumentos. A Dona Marli, esposa do Coelho, em contrapartida, optou por mim, dizendo que eu tinha mais a ver com o grupo e que, como o grupo precisava de alguém para o pandeiro naquele momento, eu fiz isso bem, então eu encaixaria melhor no grupo. A decisão estava nas mãos da outra Marli, a esposa do Faeti. Eu imaginava que não tinha muito o que fazer e que ela seguiria a mesma opinião do marido, mas seguindo o mesmo raciocínio da Dona Marli e vendo o entrosamento que eu já havia adquirido com os integrantes do grupo, ela escolheu a mim, dizendo que eu tinha mais a ver com eles. O outro menino saiu chorando. O que me comove até hoje. Por isso, tenho opiniões fortes com esses programas que expõem crianças de maneiras parecidas.

Comecei a me apresentar nos shows. Raramente eu ia na Kombi. Meus pais sempre me levavam e acompanhavam os eventos. Nas pouquíssimas vezes que eu ia na Kombi, meus pais iam no carro acompanhando a gente. Meu pai sempre me incentivava a cantar e a dançar. No ano seguinte, meu irmão entrou no grupo. Ele tocava reco-reco. E muitos gostavam dele e de sua performance, pois era o menor do grupo.

Foi um tempo em que pude adquirir boas experiências em temos de musicalidade. A política do Coelho, para o funcionamento do grupo, era que por volta dos 14 anos, houvesse rotatividades, pois a voz ia mudando e não se encaixava mais tão bem naquele grupo infantojuvenil. Mas essas trocas nem sempre eram feitas com aviso prévio. Quando eu cheguei a essa idade de 14, fui para um ensaio e, de repente, me deparei com várias crianças novas, recebendo o aviso ali, de supetão, que eu não fazia mais parte do grupo "Toca do Coelho".

Para não ficar de fora, comecei a integrar a banda do "Toca do Coelho". Eu aprendi a tocar violão, depois teclado, e fui me mantendo por ali. Pude acompanhar, em 1992, o CD que foi um grande sucesso, que chegou a ganhar Disco de Ouro, especialmente por causa da música "Namoro Proibido". Esse trabalho ainda teve a participação dos consagrados Zeca Pagodinho e Dona Yvone Lara.

Capítulo 3

O grupo
"Muleke Travesso"

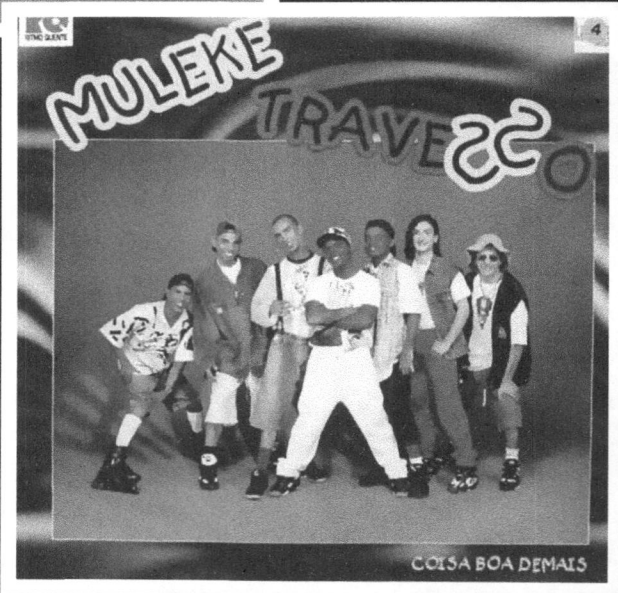

Acervo pessoal

Veio nessa mesma época, a iniciativa do Coelho de juntar os integrantes que tinham saído das formações anteriores, e ele criou, então, o grupo "Muleke Travesso". Por um lado, essa iniciativa era muito bacana. Era uma chance muito boa de darmos sequência em nosso trabalho, mas, por outro, passamos por decepções artísticas muito grandes também.

Quem nos produziu nessa época foi o Antonio Carlos de Carvalho, que era uma pessoa com boa experiência no ramo, tendo já produzido e descoberto o grupo "Raça Negra", que naquele tempo estava fazendo muito sucesso. Rapidamente, conseguimos um contrato com a Sony Music. No entanto, o tratamento que recebíamos por parte da gravadora não era dos mais agradáveis.

Mesmo assim, seguimos adiante. A empolgação de estarmos ligados à maior gravadora do mundo era esfuziante. Na festa de lançamento do nosso CD, realizada tanto em São Paulo, como no Rio de Janeiro, víamos fotos nossas espalhadas em vários lugares. Centenas de pessoas estavam no local do show. Muitos radialistas de todo o Brasil marcaram presença. Fizemos um show sem ter ensaiado. Estávamos otimistas de que iríamos fazer sucesso. Mas, para nossa surpresa, três meses depois, recebemos uma carta encerrando o nosso contrato com a gravadora. Mesmo com CD lançado, com apresentações em programas de TV, a decisão fora tomada. Foi um banho de água fria.

Eu tinha cerca de 16, 17 anos nessa época. Fiquei desencantado com a música depois dessa atitude dos representantes da Sony. Fui dar continuidade à minha vida, estudando e procurando emprego. Mas não consegui trabalho. Pensei em tentar a carreira de modelo. Fiz um teste. Passei. Fui chamado para fazer um comercial.

3. O GRUPO "MULEKE TRAVESSO"

No mesmo dia em que estava gravando o comercial, outra gravadora queria fazer um teste com o grupo "Muleke Travesso", mas, desiludido, não fui. O grupo, no entanto, estourou. Eles gravaram uma música, "Coisa Boa Demais", que fez bastante sucesso.

O grupo começou a fazer muitos shows e eu estava integrando o grupo novamente. Assinamos um contrato com outra gravadora, a Kaskatas. O vocalista, nessa época, era o Mitcho, mas eu era um bocado "aparecido". Eu comecei a fazer os shows de patins. Até nos programas de TV eu ia de patins. E algumas pessoas se lembravam da gente como "o grupo do menino de patins". Uma vez, eu quase derrubei a Sula Miranda em cima do palco. Eu fui abraçá-la, de patins e quase caímos. Literalmente, um "muleke travesso".

A carreira estava em ascendência. Mas o Coelho sabia que tinha algumas limitações, então ele nos colocou em contato com a Neusa, que naquela época já estava envolvida com pessoas grandes do mundo musical, como o Arnaldo Saccomani, por exemplo. Ela nos colocou para fazer muitos shows, pois tinha um círculo de contatos muito grande. Fomos inseridos em campanhas políticas do Celso Pitta, do Paulo Maluf, e nossa agenda tinha mais de 100 shows por campanha, às vezes, até 200.

Infelizmente, nesse tempo, o Mitcho se envolveu com drogas e começou a usar crack. Às vezes, ele não aparecia nos shows. E, com isso, precisávamos ir embora. Também precisamos repensar o grupo. A Neusa, então, colocou a gente contra a parede, pressionando-nos para que não ficássemos sem realizar os shows. Ela logo perguntou quem, além do Mitcho, cantava. E todos os integrantes apontaram para mim. Eu me sentia mal. O Mitcho era muito importante para mim, um grande amigo. Por isso, eu me sentia mal em pegar o lugar dele, mas, ao mesmo tempo, não podíamos ser prejudicados com suas ausências. Foi quando, numa dessas ausências, a Neusa disse: "Agora é sua vez; agora é você".

Eu nunca tinha feito aula de canto, e nessa época estourou a nossa música "Você em Mim". Foi justamente nessa época que o Mitcho saiu. Quando saíamos para programas de TV, eu dublava a voz dele e muita gente pensava, e até hoje pensa, que aquela voz era minha, mesmo a minha voz sendo bastante diferente da voz dele.

Eu tive que aprender a cantar. Continuamos a fazer os shows. Eu inventei a moda de pintar o cabelo de vermelho e pensava que aquele seria o meu visual artístico. Porém, numa de nossas agendas de show, eu precisei descolorir o cabelo, para que a tinta vermelha pegasse. Estava tudo cronometrado: descoloração às 20h, pintura de vermelho às 21h, hidratação às 22h e partida para o show às 23h. Eu descolori, conforme o planejado. Mas, quando foi 20:50h, o produtor ligou e disse que estava passando na minha casa dentro de 15 minutos, pois o show havia mudado de horário e ele precisava passar mais cedo.

Como não tinha tempo para os outros procedimentos, coloquei um boné e fui embora. Os meus amigos do grupo, quando viram aquele cabelo branco na van, riram e tiraram onda comigo. Na hora do show, enquanto a gente se apresentava uns aos outros e iniciava a nossa apresentação, fui surpreendido pelo Chorão, que numa brincadeira, tirou o meu boné. Mas a plateia gostou! E acabou pegando aquela coloração loira.

Outro episódio curioso, mas que acabou pegando alguma moda, foi o uso da viseira. Isso aconteceu numa vez que descolori o cabelo e fui tirar uma soneca. Acabei esquecendo tempo demais o produto e quando acordei, uma porção do cabelo, na parte de trás da cabeça, havia caído. A gravadora não permitia que eu tirasse o cabelo loiro. Então, peguei uma viseira para tampar o defeito da parte de trás da cabeça e para aparecer o cabelo loiro. A viseira também pegou! Tanto o cabelo loiro como a viseira se tornaram marcas da minha carreira artística.

De qualquer modo, com o aumento do nosso trabalho, de shows e tudo o mais, víamos a necessidade de um novo momento em nossos ganhos. O nosso contrato estava prestes a finalizar e a Neusa nos instruiu a conversar com o Coelho para renegociarmos as porcentagens dos ganhos de todos os envolvidos. O Coelho recebia 20% de todo o bruto, a Neusa ficava com 30% dos 80% que sobravam, e o restante dividíamos entre o grupo. Uma vez que estávamos numa rotina de trabalho bem mais pesada, propomos ao Coelho de diminuir um pouco a porcentagem dele, já que o volume arrecadado havia subido. Propomos renegociar em 10%, mas ele disse que queria era aumentar para 30%.

Foi ali que o grupo se dividiu. O ano era 1996. O Coelho não estava aberto para a renegociação e disse que se fosse o caso, que saíssemos, pois ele formaria o grupo com outros integrantes. Conversamos entre nós, mas o Erick, nosso baterista, não podia sair, pois seu pai era o diretor executivo da gravadora. Porém, o restante de nós achou melhor fazer essa transição. E foi ali que nasceu "Os Travessos", aproveitando um pouco de como muitas pessoas já falavam de nós nos programas de TV. Ouvíamos frequentemente: "Os Travessos já chegaram?" Então, o novo nome pegou com muita facilidade. Não tivemos nenhum problema quanto à similaridade do nome na época. Somente em 2014 (na minha segunda passagem pelo grupo) é que recebemos um processo movido pelo Erick, que reclamava o uso de "Travessos".

Capítulo 4

O sucesso do grupo "Os Travessos"

Acervo pessoal. Fotos: XICÃO GOMES

O "Muleke Travesso" continuou fazendo sucesso. E "Os Travessos" tinham agora um novo desafio. A Neusa ficou conosco e nos ajudou nessa nova etapa, abrindo caminhos para que seguíssemos com a nossa carreira. Em 1997, gravamos o álbum "Nossa Dança", pela gravadora Atração.

O sucesso gerou uma agenda puxada de shows nos primeiros anos. No entanto, dois anos depois, esses compromissos iam diminuindo. A presença nos shows também. O grupo passava por um pequeno desânimo. Eu mesmo, nessa época, já namorando, quando via shows mais vazios, não gostava de ter que deixar de namorar para ir para esses eventos. Surgiu, então, a ideia de gravar um disco novo.

Fizemos uma reunião para definir como seria isso. Enquanto discutíamos como seria o disco, entrou o Chilão, que era uma das pessoas que trabalhava como radialista e era DJ da "Chic Show", além de ser um dos divulgadores da gravadora. Ele comentou de uma de nossas músicas que quando era tocada na rádio e nos seus eventos como DJ, sempre ia muito bem, e que o público gostava bastante. Ele sugeriu ao presidente da gravadora que investisse nessa música, pois ela era promissora.

O grupo, em si, já não estava mais muito animado com a ideia de se manter no disco já gravado. Parecia já ter dado o que era para dar. Mas o Wilson Souto Jr., que era presidente da gravadora, aceitou a ideia e aprovou que fosse feito um investimento na divulgação dessa música, afinal, havia um recurso que já estava guardado para esse primeiro álbum. Enquanto isso, iríamos continuar pensando no próximo disco.

De qualquer modo, foi uma surpresa: a música que o DJ falou era a "Quando a Gente Ama", que recebeu o prêmio Crowley Best e se tornou uma das mais tocadas em todo o Brasil. O álbum ainda ganhou Disco de Ouro e de Platina por conta disso. Em 20 dias, estávamos em 1º lugar em várias paradas. A música emplacou. Essa música mudou a nossa vida!

Estávamos num ritmo frenético de shows. A carreira estava decolando. Mas eu precisei lidar com uma parte chata da vida. Sofri uma enorme perda nesse mesmo período. Meu pai faleceu justamente quando estávamos estourando esse sucesso. O meu primeiro Disco de Ouro foi recebido cerca de um mês depois da morte dele.

Me lembro que, um dia fui convidado para participar do programa do Raul Gil. As gravações eram feitas numa segunda-feira e o programa ia ao ar no fim de semana. Meu pai foi junto comigo naquele programa, pois era especial "Dia dos pais". Na terça-feira, ele sofre um acidente. Ele caiu de cabeça num lugar onde estava fazendo um trabalho, cuja altura era de uns sete metros. Estávamos todos preocupados. O programa foi transmitido no sábado. Ele não pôde nem mesmo assistir, pois estava em coma. No domingo, infelizmente, ele morreu. Uma loucura!

Uma semana antes do acidente, parecia que ele já sabia que estava prestes a morrer. Meu pai pediu o carro. Ficaria difícil de eu deixar com ele, pois eu tinha que fazer um trabalho em Santo André e precisava do carro. Mas, ele se comprometeu em me buscar. Assim o fez. Foi me buscar junto com meu irmão. De repente, no trajeto de volta, ele parou num ponto da Avenida do Estado e disse para o meu irmão dirigir. Ele nunca tinha me ensinado a dirigir, mas foi ensinando meu irmão.

Fomos bem devagar até em casa. Quando chegamos lá, tinha uma rampa íngreme. Eu queria descer do carro, mas ele insistiu que meu irmão iria tanto subir a rampa como estacionar o carro. Eu fiquei super preocupado que meu irmão batesse o carro, afinal, era meu. Mas, por outro lado, havia o meu ciúme também, pois meu pai nunca tinha me ensinado a dirigir. Então, questionei isso a ele. Como ele nunca tinha me ensinado a dirigir e estava fazendo isso com meu irmão, que era mais novo do que eu?

A resposta dele foi surpreendente: "Então... amanhã eu não estou por aqui, morro... E você não vai ensinar a ele". Eu fiquei revoltado com essa resposta e esbravejei logo: "Que conversa idiota, essa de morrer!" Mas, uma semana depois, aconteceu aquela tragédia.

Outra coisa que marcou bastante a minha vida foi um dia antes do acidente. Eu chegava tarde dos shows e minha mãe sempre levantava para fazer alguma coisa para comer. Meu pai sempre continuava deitado. Mas, naquela noite, ele também acordou e veio conversar conosco. Ele disse que tinha colocado o apartamento de São Miguel Paulista à venda, pois o inquilino não havia pago os condomínios e corria o risco de perder o imóvel, senão iria para leilão.

Ele estava decidido a vender, mas minha mãe e eu começamos a questioná-lo, para que não fizesse isso. Minha mãe, então, argumentou de modo convincente: "Não podemos vender; amanhã você morre e deixa o quê para mim e para os seus filhos?" Ele olhou para minha mãe, olhou para mim, ficou em silêncio, não disse mais nada e voltou a dormir.

Na manhã daquele dia, ele me acordou, pediu um tênis meu emprestado, porque ia subir num telhado, e dizia estar com medo de subir lá com seus calçados que já estavam velhos. Porém, naquele mesmo dia, ele sofreu esse acidente fatal. Como o meu pai já havia passado por outros acidentes de trabalho, estávamos um pouco mais

4. O SUCESSO DO GRUPO "OS TRAVESSOS"

calmos. O Dan estava em desespero. Mas, aquele acidente não foi como os outros. Infelizmente, ele não voltou para a casa.

Mas algo que nos conforta é pensar no fato de que, se ele tivesse sobrevivido, segundo as palavras do médico, ele ficaria vegetando, pois perdeu muita massa encefálica. Só de imaginar meu pai vegetando doía. Ele sempre foi muito ativo. Não ia suportar esse tipo de vida.

Eu só fui ficar sabendo da morte do meu pai no dia seguinte à sua morte. Meu empresário me ligou, pediu que eu fosse até o escritório. Um milhão de coisas passava na minha cabeça. Eu não queria pensar o pior. Para mim, meu pai ainda estava internado e em coma. Fui a caminho do escritório. Na altura da Radial Leste, minhas mãos começaram a tremer, eu comecei a chorar ininterruptamente e parei num trecho para me acalmar. Quando me recobrei, prossegui rumo ao escritório. Chegando lá, meu empresário já veio me abraçando e ali eu recebi a notícia.

Justamente nessa época, estávamos fazendo shows na campanha política de um candidato a Governador do Estado de São Paulo e tínhamos shows todos os dias. Fizemos 115 shows, ao todo. Íamos para Grande São Paulo, Campinas e muitas cidades do Estado. Foi muito dolorido para mim e para o meu irmão (pois ele era da banda nessa época), pois em todos esses momentos de luto e dor, precisamos manter as agendas. Fizemos show no dia do acidente do meu pai, no período em que ele estava em coma e até mesmo no dia do seu velório.

Eu que cuidei de tudo. Minha mãe estava sem forças. Eu que lidei com os trâmites do velório, da escolha do caixão etc. O velório foi na terça. O enterro na quarta. Seu velório ocorreu no Cruz Azul em

São Paulo, e o enterro foi em Bauru. Eu tinha show em Araraquara na terça e, coincidentemente, em Bauru, na quarta. A praça de Bauru estava lotada com mais de cinco mil pessoas. Eu cantava com o coração completamente ferido, lutando para não engasgar. Meu irmão tocava destruído por dentro. A dor era tanta que eu não consegui nem mesmo saber onde meu pai foi enterrado.

É claro que tivemos o nosso luto. Tentávamos amenizar aquela perda de alguma forma. Precisávamos ser fortes. Com a ausência do meu pai, eu precisei assumir a responsabilidade da casa. Assim, com toda a família unida, minha mãe apoiou a continuidade do trabalho. Mesmo assim, confesso que foi muito difícil ter que lidar com tudo isso. Foi pesado para nós.

Meu pai era aquela figura que sempre tinha orgulho dos filhos, que sempre "tirava onda", no bom sentido, com a gente. Se estivesse vivo hoje, continuaria assim. Ele sempre fez de tudo para ajudar a chegar onde eu cheguei. Me lembro de uma vez que ele saiu de uma empresa em que trabalhou e que recebeu uma indenização de uns R$ 6000,00. Ele comprou um violão para mim que custava quase toda a sua indenização: aproximadamente R$ 5.500,00. Ele dizia: "Isso aqui é o seu futuro!".

Minha mãe, meu irmão e eu temos certeza de que se pudéssemos falar com ele naquela circunstância de velório, que o ouviríamos dizer: "Vai, fazer o show, meu filho!" Ele não ficaria triste. Temos certeza de que ele ficaria alegre. E isso é que nos dá um pouco de paz.

Minha mãe sentiu muito com a perda do nosso pai. Ela se mudou para Bauru e não queria mais voltar naquela casa que moramos por muito tempo na Mooca. Certamente, muitas lembranças boas estavam ali. A mudança de São Miguel Paulista para lá ocorreu mais

4. O SUCESSO DO GRUPO "OS TRAVESSOS"

por um desejo dela. Meu pai, na época, não queria, mas cedeu, visando o bem-estar de toda a família. Por isso, ela ainda sentia um pouco de peso no coração ao se lembrar de tudo isso e se mudou para nossa cidade natal juntamente com meu irmão.

O apoio da família para continuar a carreira foi fundamental. A vida precisava continuar. Eu tinha apenas 18 anos, mas as responsabilidades agora estavam em outro patamar. A Neusa também foi muito importante para mim e para o grupo nessa nova fase sem o meu pai. Ela tinha uma visão de negócios (*business*) muito aguçada. Deste modo, ela prosseguiu direcionando a gente em muitos aspectos, desde o tipo de roupas que usávamos até o jeito profissional de lidar com os eventos e agendas. Suas orientações foram incríveis.

Naquela época havia outros grupos do mesmo estilo musical fazendo sucesso, como o Soweto, o Katinguelê e o Negritude Junior. Nós, do grupo, queríamos seguir as mesmas tendências deles. Achávamos incríveis e, às vezes, até nos enxergávamos pequenos. Mas a Neusa era essa pessoa com a visão dos negócios. Ela nos via como um produto, via o nosso diferencial.

A música "Quando a Gente Ama", por exemplo, não era a nossa preferida. Para dizer a verdade, às vezes até a pulávamos quando apresentávamos o disco para algumas pessoas mais próximas. Queríamos algo mais animado e essa música soava mais ao estilo "charme", aquelas R&B. A letra ainda era de autoria do Arnaldo Saccomani. A gente ainda pensava que a Neusa queria essa música no álbum mais por causa da sua amizade com ele. Mas, na verdade, ela tinha um *feeling* grande para o universo artístico mesmo. Quando a música estourou, em tons animados, ela mesma se dirigiu a nós, dizendo: "Não falei?"

Só ela queria aquela música, mais ninguém. Ela virou nossa rainha. Era interessante que, quando ela tinha convicção de que alguma música era melhor, mesmo sem saber tocar nenhum instrumento, ela argumentava de maneira firme e seguia nessa firmeza até o final. Outra música daquele primeiro álbum que fez sucesso e que passou pelo mesmo processo de rejeição do grupo e pela insistência dela, foi "Maravilha Te Amar".

Diante do sucesso daquele primeiro álbum, pensávamos agora no repertório de um segundo. A Neusa sempre conosco ali discutindo as músicas que fariam parte do novo repertório. Lembro quando ela apareceu sugerindo a música "Sorria, Que Eu Estou Te Filmando". Essa música era para fazer parte do primeiro álbum ainda, mas nós fomos contra na hora. Ainda brincávamos que esse nome parecia mais frase de elevador. Mas ela sempre tinha argumentos para tentar nos convencer. Porém, mesmo com todas as suas falas, não entrou no primeiro álbum.

Um dia, numa de nossas reuniões para discutir o repertório do segundo álbum, ela ressuscitou a música "Sorria, Que Eu Estou Te Filmando" e veio logo trazendo à nossa memória o sucesso de "Quando a Gente Ama" e de "Maravilha Te Amar", que eram canções que não queríamos e que deram muito certo. Ela dizia: "Vocês não queriam, lembram? Mas elas mudaram as suas vidas". Três anos se passaram desde as primeiras discussões de quando ela queria incluir essa música no repertório. Não estávamos convencidos de que seria um sucesso, mas mesmo assim gravamos. Nosso raciocínio era: "Já temos 13 faixas, mais uma não tem problema". Aliás, esse tinha sido o mesmo raciocínio para o primeiro álbum quando gravamos as duas músicas que a Neusa indicou anteriormente.

A vida é cheia de surpresas. Enquanto nos dedicávamos a esse novo repertório, o presidente da gravadora que fazíamos parte, a "Atração", fez uma reunião conosco e disse que tinha duas notícias: uma boa e uma ruim. Ele queria saber qual queríamos ouvir primeiro. "A ruim, é claro", respondemos já com alguma apreensão. Então ele disse: "Eu não sou mais presidente da 'Atração'". Claro que aquilo não foi legal de ouvir, então lamentamos essa mudança. No entanto, sabíamos que ainda havia uma boa notícia e queríamos ouvir. Foi quando ele disse: "Eu agora sou presidente da Warner Music Brasil e vou para lá levando vocês. Vocês serão meus primeiros artistas". Uau! Ficamos muito empolgados. Fomos então para o estúdio e começamos a gravar o álbum.

Mas tem um caso cômico e, ao mesmo tempo, perigoso. Um dia, enquanto estávamos gravando o disco "Sorria", eu comecei a sentir uma dor de barriga muito forte. Eu sempre estava tomando remédio para que aquela dor fosse amenizada. Porém, num desses dias, eu passei tão mal que acabei tendo que parar no hospital. Eu estava passando voz, quando, de repente, precisei me assentar para ver se a dor passava e comecei a chorar de tanta dor. Todo mundo ficou apavorado, inclusive nossa empresária.

Eu sempre dizia que se algum dia acontecesse alguma coisa, que eu não queria ninguém me empurrando, me pegando no colo, coisas assim, me ajudando, pois eu faria tudo sozinho. Eu estava morrendo de dor e o Rodrigão me colocou numa cadeira de rodas, brincando comigo: "Ué, você não queria que ninguém te ajudasse, e agora?"

A brincadeira dele era por causa desse meu "orgulho". Apesar da brincadeira, não sabíamos ainda o que era e a dor não passava. Era insuportável. Depois é que fomos saber que era apendicite e que já havia supurado e que era algo, além de dolorido, muito perigoso. A cirurgia demorou um pouco mais por já ter supurado.

De qualquer modo, gravamos o novo CD. O álbum foi lançado em 2000. Depois de ouvir as gravações, concordamos de que a música principal deveria ser a "Sorria, Que Eu Estou Te Filmando", aquela sugerida pela Neusa, que no álbum entrou como "Tô Te Filmando (Sorria)". Dez dias depois do lançamento, a música estourou no Brasil todo e foi mais um dos nossos grandes sucessos. Até hoje a música é conhecida e tocada em rádios.

Além de "Sorria", a faixa "Meu Querubim" também foi outro grande sucesso, chegando, inclusive, a ganhar o prêmio da MTV de melhor vídeo de pagode. O álbum ganhou Disco de Platina e o grupo participava de muitos programas de TV, além da agenda superapertada com os shows.

Uma curiosidade é que, a Neusa não deixou a gente participar apenas do Programa do Jô Soares. Ela dizia que não estávamos preparados para ir lá. O Jô é um homem muito inteligente e ele pesquisava a vida de seus entrevistados antes. Ela temia que falássemos algo que não ajudasse em nossa carreira. Era uma atitude profissional de precaução.

A Neusa tinha uma visão muito equilibrada. Ela, inclusive, sempre tomou o cuidado para que o grupo inteiro crescesse na mesma medida. É comum que, vocalistas se destaquem mais. Porém, ela sempre cuidou para que isso não acontecesse com "Os Travessos". Tanto que todo mundo que conhece o grupo, conhece bem todos os integrantes, o Chorão, o Fabinho, todo mundo.

Lembro de um comercial que uma empresa de achocolatado havia me convidado para fazer. A Neusa não liberou, pois ou fazia

4. O SUCESSO DO GRUPO "OS TRAVESSOS"

o grupo todo ou não fecharia o contrato. Essa atitude, novamente, pensando no grupo como um todo. Tanto que naquele mesmo ano, participamos de um filme com a Xuxa, o "Xuxa Popstar", que foi um sucesso de público e de bilheteria do cinema nacional. A gente rodava bem em todas as principais mídias: rádio, revistas e TV.

Mas, até chegarmos ao filme, passamos por algumas experiências curiosas e marcantes. Um bocado antes do convite de participarmos do filme, gravamos numa semana o programa da Xuxa e depois voltamos para São Paulo. Pouco depois, fomos convidados a retornar no fim de semana seguinte ao Rio de Janeiro para gravar outra edição do programa da Xuxa. Ficamos muito empolgados com o novo convite. Porém, também recebemos mais um convite além desse.

Na inocência de achar que conseguíamos dar conta de tudo, assumimos juntamente uma gravação no mesmo dia, em São Paulo, para o "Passa ou Repassa", que era apresentado pelo Celso Portiolli. A coisa tinha que ser toda cronometrada. Nosso voo era às 17:30h. Nosso plano era sair da gravação até às 15:30h. Mas demorou mais do que pensamos. Depois de terminar a gravação no SBT, saímos o mais rápido possível em direção ao aeroporto para irmos ao Rio. Porém, perdemos o voo e precisamos trocar pelo próximo.

Quando chegamos no Rio, já fomos nos trocando pelo caminho, na van. Mas, ao chegar no Teatro Fênix, às 20h, as luzes já estavam se apagando e fomos avisados de que não iríamos mais nos apresentar. Tentamos falar com o nosso divulgador, mas não tinha jeito. O caminho era tentar falar diretamente com a Marlene Mattos.

Encontrei com ela no corredor e fui logo dizendo que precisava falar com ela. Porém, ela não me respondeu e saiu andando. Me coloquei logo ao lado dela e fui tentando me explicar, mas ela não respondia. Eu insisti mais algumas vezes. Foi quando ela perdeu a paciência e soltou algumas palavras em tom bem firme e mais alto, dizendo que não éramos profissionais e que tudo o que nos envolvia era de péssima qualidade.

Aquilo me assustou. Meus olhos se encheram de lágrimas. Nunca, nem mesmo meu pai tinha falado comigo daquele jeito. Eu até sentei no camarim, junto com o grupo. Pensávamos, com algum otimismo, que aquilo poderia ser uma pegadinha. Mas, infelizmente, não era. O tempo foi passando. As pessoas iam embora. E a equipe começou a fechar o lugar e pediu para que déssemos espaço. Aquilo me marcou muito, mas me fez olhar para as nossas responsabilidades de um modo diferente. Desde então, procuro ser pontual em todos os meus compromissos. Foi a primeira e última vez que passei por uma bronca daquelas.

A nossa empresária, posteriormente, enviou um buquê de flores para a Marlene em meu nome. Ligamos para a Marlene para saber se ela recebeu. E, nesta ocasião, ela já me pediu desculpas, disse que foi grosseira e que gostaria muito que gravássemos outro programa. Foi quando participei do "Intimidade" com a Xuxa. Tivemos uma relação bem melhor com a Marlene. E foi depois disso que ela nos convidou para participar do filme.

Uma curiosidade sobre o filme e também uma frustração, num sentido cômico: eu não encenei com a Xuxa. Eu conversava com vento, por assim dizer. A cena foi editada. E depois é que a equipe fez a montagem e colocou a Xuxa como se estivéssemos conversando. Seria muito legal encenar direto com a Xuxa, não é?

Mas esse aprendizado com o episódio do atraso foi muito importante. A iniciativa de procurarmos a Marlene também ajudou a

4. O SUCESSO DO GRUPO "OS TRAVESSOS"

quebrar qualquer bloqueio. E, assim, fizemos ótimas parcerias. Para se ter ideia disso, lembro de uma vez que eu precisava gravar algo com a Xuxa, liguei para a Marlene e ela me disse que eu poderia ir no estúdio no dia seguinte. Chegando lá, ela chegou a interromper a gravação do programa da Xuxa, que estava em andamento, dizendo que não ia me fazer esperar.

Realmente ela interrompeu a gravação, avisou a Xuxa e eu desci até o local de gravação. A plateia ficou bem animada quando me viu, pois eles pensaram que eu ia participar daquela gravação do programa. A Xuxa pediu a eles para fazerem silêncio para que gravássemos o que eu precisava. Foi uma experiência bem legal. Lidar com o carinho do público, com o respeito da Marlene e da Xuxa foi sensacional! O aprendizado certamente valeu a pena.

Gravamos muitos outros discos. Em 2000, saiu o álbum "Declarações"; em 2001, o "Adivinha"; em 2002, "Os Travessos 4"; ainda em 2002, o "Perfil"; em 2003, o "Dito e Feito"; em 2004, ainda lançamos o CD e DVD ao vivo. Todos os álbuns pela Warner Music, com exceção do "Perfil", que foi lançado pela Som Livre. A carreira decolou. Porém, em 2004 precisei tomar uma decisão muito difícil e deixei o grupo "Os Travessos".

Muita gente pensa que a saída é para ganhar mais dinheiro. E não é isso. Tem ambientes que são complicados. Em muitos casos, o vocalista acaba assumindo um papel mais forte no grupo, pois tem mais responsabilidade com o cuidado vocal, com fãs e outros pontos mais. O vocalista é quem é mais visado e exposto. Isso faz com que muitos deles acabem passando por insatisfações. Tanto que em boa parte dos grupos, os vocalistas saíram para seguir carreira solo.

No meu caso, não é por conta do grupo, mas pelo relacionamento com o empresário. Ele me acusou de algo que eu não fiz e eu não aceitei essas acusações. Como a culpa caiu sobre mim, eu não aceitei.

Antes disso, tínhamos um relacionamento legal. Ele pagava algumas das minhas contas. Tínhamos um tratamento de pai e filho. Certa vez, o grupo estava enfrentando um problema judicial e nossas contas foram bloqueadas. Ele continuou me ajudando, pagando as contas. Porém, quando esse problema que ele me acusou surgiu, ele simplesmente disse que agora era tudo comigo. E isso me prejudicou, pois eu tinha pensão para pagar, aluguel e outras contas.

O atraso do aluguel acumulou e um dia eu cheguei no apartamento e a polícia estava lá, para acompanhar o meu despejo. Foi uma situação muito chata. Meu filho Júnior tinha acabado de nascer. A polícia quando me reconheceu e viu meu filho ainda de colo, ficou com uma fisionomia de quem não estava à vontade com aquilo, mas precisava manter a postura. Então, saímos do imóvel, não podíamos pegar nada e fomos para a casa da mãe da Thaís, que naquela época era minha esposa.

Outro episódio que me marcou negativamente, foi num dia que ele ligou para a Thaís e me difamou, dizendo que eu saía com uma mulher diferente em cada cidade que nos apresentávamos. Deste modo, as coisas foram se desgastando cada vez mais e também foi uma decepção muito grande ter que lidar com tudo isso, afinal, eu o tratava como se fosse meu pai.

A decisão foi tomada da minha parte. Não dava mais para continuar assim. Então, eu disse que ia sair. Sua resposta foi: "Pode sair. Um cara com o cabelinho pintado de loiro tem em cada esquina".

Mas a frase mais forte foi quando ele declarou: "Seu pai morreu foi de desgosto de você". Tudo isso foi muito doloroso e decepcionante. Eu realmente precisava sair. Quando eu disse para o grupo que estava saindo, eles também não deram muita atenção, foram muito frios, sem afeto e empatia. Algo que também me entristeceu. Mas o mundo vira. Eu não guardei mágoa. Hoje eu gerencio a carreira do grupo.

Mas, como chegamos ao ponto de ser despejados em pleno sucesso? A coisa não é tão simples de explicar. Porém, resumindo os fatos, o nosso empresário não era alguém arrojado nas negociações. Existia já naquela época, três tipos de negociação: o colocado, o cachê e o garantia. O melhor deles é o último, pois além de combinar uma garantia de valor independente do público, ainda se combina 50% das vendas de ingresso. O nosso empresário não negociava assim. Ele pedia apenas o cachê. E isso prejudicou a nossa carreira, pensando naquele tempo todo. Outros artistas da mesma época já faziam a negociação da garantia e se consolidaram melhor, no sentido financeiro.

Nesse período deu para perceber que, muitas vezes, temos valor apenas enquanto estamos no auge e que na real dificuldade, poucos estão abertos para nos ajudar. Destaco aqui uma lembrança muito boa, do Thiaguinho. Nessa fase de dificuldade, ele chegou a me emprestar dinheiro algumas vezes. Mas essa boa amizade com ele começou pouco tempo antes da minha saída do grupo "Os Travessos".

Nossa amizade começou quando eu encontrei com ele no hall de um hotel. Ele estava sentado à mesa lendo um jornal. Ele tinha acabado de entrar no "Exaltasamba" e era fã de muitos grupos de pagode, inclusive "Os Travessos". Quando eu cheguei, ele me viu, desceu o jornal e ficou me olhando.

Havia um bocado de fãs atrás de mim, mas eu parei tudo e me dirigi até ele. Me aproximei e fui perguntando como ele estava. Ele, meio tímido e meio paralisado, me respondeu com a voz até um pouco baixa: "Tudo bom, cara. Como é que você está?" Estava acontecendo um festival em que vários artistas estavam participando. Por isso, perguntei se ele ia tocar naquele festival. Ele disse que já havia tocado na abertura.

Perguntei se ele iria embora e ele disse que ainda ia ficar mais tempo. Então o convidei para assistir ao nosso show. Ele ficou um pouco tímido, perguntou se realmente podia ir: "Claro! Vamos comigo", eu disse. Então, ele topou. Em seguida, o convidei para que fosse ao meu quarto, pois eu precisava me vestir com a roupa do show. Ele estava lá no quarto paralisado. Eu perguntei o que era. E sua reposta foi: "Se eu contar para minha mãe que estou no quarto do Rodriguinho e com o Rodriguinho...". Eu já brinquei logo com ele: "Não viaja, cara!"

Ele nos acompanhou na van. Ficou no show. Voltou comigo. E ainda conversamos bastante a noite toda. Ele, de Presidente Prudente, eu, de Bauru. Muitas coisas parecidas de interior. E ali nasceu uma amizade incrível. A gente se encontrou noutra ocasião e ele mencionou que contou para a mãe dele sobre aquele dia que nos encontramos no hotel. Eu logo disse que se ele me convidasse, que eu iria na casa dele.

Um dia eu fui à casa dele e a família ficou muito empolgada em me receber. A amizade se estendeu. A mãe dele brincava comigo que eu era o irmão mais velho do Thiaguinho. Quando acontecia alguma coisa que ela não gostava, ela já me pedia para falar com o meu "irmão". Enfim, a amizade ficou realmente forte. A gente se grudou.

Passamos a escrever algumas coisas juntos e fizemos projetos legais depois.

Pouco tempo depois, eu saí do grupo. Estava ainda numa crise financeira. Passando dificuldades, como já contei um pouco. O Thiago percebeu que eu estava para baixo e perguntou o que era. Eu, um pouco sem graça de contar, fugia um pouco da pergunta. Ele insistiu e eu acabei contando que estava com alguns problemas financeiros naqueles dias, que meu aluguel tinha vencido e que ainda não tinha recebido alguns valores. Ele prontamente quis ajudar e depositou o dinheiro que eu precisava. Assim que eu recebi, devolvi para ele a quantia. A mesma coisa aconteceu no outro mês. O Thiaguinho se tornou um grande amigo.

Foi uma loucura! O Thiaguinho era nosso fã. Tem uma foto que a mãe dele tirou com as roupas iguais a que eu usava, todo de branco e com a viseira. Imagine, só! Alguém que no passado era esse fã e agora estava me ajudando a pagar o meu aluguel. E o que acho mais bonito é ele não ter perdido a magia de me ver passando por aquela situação desagradável.

De qualquer modo, agora era mais uma página a se virar na minha vida. Uma nova etapa. A carreira solo demarcava uma nova fase repleta de desafios. Mais detalhes vêm a seguir.

Capítulo 5

A carreira solo

Acervo pessoal

A saída ocorreu em 2004. Foi uma transição difícil, mas necessária. Em meio a esses novos desafios, veio uma nova inspiração para a estrutura, ritmo, musicalidade, etc. Eu era muito amigo do Oscar Tintel, que era do grupo "Br'oZ" na época. Quando eu fiz aniversário, ele me deu um disco do cantor de R&B norte-americano, Usher, o DVD "8701 Evolution Tour".

Esse trabalho me inspirou bastante. Ele usava sua banda e dançarinos de uma forma magistral. Assistindo àquele DVD minha cabeça mudou com relação ao jeito de se tocar bateria no samba, ao jeito de se compor músicas, à presença de palco, ao jeito de cantar e de produzir. Então, eu decidi fazer um disco parecido com isso que vi.

Nasceu, então, o álbum "Rodriguinho", lançado em 2005 pela Warner Music e produzido pelo "Prateado". Pedi para o produtor deixar meus músicos tocarem, mas ele só deixou que um tocasse. E esse foi um disco que marcou essa nova fase da minha carreira. Eu comecei a compor músicas e vi a possibilidade de imprimir a minha marca nos trabalhos que surgiriam dali em diante.

Muita coisa já vinha me incomodando no cenário musical em termos de letras. Eu não sou aquele cara que canta com tantas metáforas, de dizer que vai trazer a lua lá do céu, que ia dar as gotas do mar. Eu queria mais sinceridade e realidade nas músicas. Eu queria cantar coisas que vivemos.

Minha inspiração para compor vinha disso, a vida real. Eu nunca escrevi música fantasiosa. Sempre gostei de relacionar minhas composições com a realidade que eu estava vivendo. Ao invés da água do mar, eu falava da almofada azul e de você bebendo água de pernas cruzadas. E se eu quiser falar de sexo, já incluo logo para abrir as pernas e para ficarmos juntos... É assim. Eu sou muito literal.

Eu sei que isso às vezes pode chocar ou ofender, mas eu prefiro compor a realidade do que falar coisas que não condizem com a realidade e que acabam sendo mentiras. Apesar de poder desagradar alguns, sei que a realidade é o que dá liga para as pessoas que ouvem minhas músicas, e é o que tem feito diferença em todos esses anos de carreira, afinal, muito do que é parte da minha experiência, da minha vida, também faz parte da vida de milhões de outras pessoas. Então, quando eu canto a realidade, essas pessoas se identificam com a mesma realidade. Isso casa perfeitamente com elas.

Quem ouve o álbum "Rodriguinho", de 2005, já percebe a diferença das músicas, das letras, do pano de fundo instrumental, isto é, de todo esse conjunto que marcou essa nova etapa na minha carreira.

Apesar de toda essa novidade, esse primeiro disco não emplacou tanto de imediato. Mas depois, muitas músicas fizeram bastante sucesso. De qualquer modo, o Usher me inspirou bastante. Continuei a acompanhar a carreira dele e passei a comprar tudo o que ele lançava.

Comprei um DVD dele (que hoje é meu amuleto, ele sempre fica aqui bem perto de mim), o trabalho intitulado "Rhythm City Caught Up", o volume 1. Ele fez algo diferente nesse DVD; tem poucas músicas, mas ele fez uma espécie de filme com elas, contando uma história e ainda tendo a participação de personalidades especiais do cenário artístico norte-americano: a atriz Joy Bryant, o apresentador Ryan Seacrest, o ator Clifton Powell, a modelo Naomi Campbell e o cantor Puff Daddy.

Esse minifilme feito pelo Usher apresentou performances musicais das canções "Seduction", "Caught Up", "Red Light" e "Take Your Hand" do álbum "Confessions". Aliás, esse álbum foi um tremendo de um sucesso, vendendo 1,1 milhões de cópias só na primeira semana de lançamento! O DVD, apesar de poucos minutos, foi uma superprodução.

As músicas são o filme. Tem uma história a ser contada. E na hora que essa história vai ser contada, vem a música. Está tudo interligado. Achei uma ótima sacada. Quando eu vi aquela produção toda, eu pensei comigo mesmo: "Preciso fazer algo assim!"

Então, com base nesse trabalho do Usher, comecei a organizar umas ideias e lancei o DVD "Uma História Assim", em 2008, que veio a se tornar o primeiro volume de uma série, já que deu muito certo. O trabalho também segue a ideia de um filme, cuja história é baseada num romance, numa história de amor.

A Aline (amiga da Nanah e que cantou com ela no Ester's) já trabalhava comigo nessa época. A Nanah também estava trabalhando comigo nesse período. A Aline tinha acabado de gravar um clipe com o Dan, meu irmão. Eu queria gravar esse filme para o meu DVD e precisava de uma atriz. Como eu gostei do trabalho dela com o Dan, pensei logo: "Vou trazer a Aline para ser a atriz desse filme".

Nessa época, eu tinha acabado de lançar a minha gravadora, a F-Unit. E queria começar a fazer tudo por meio dela. Então, fiz um lançamento da gravadora com alguns artistas que estavam comigo. Alugamos um espaço e organizamos um evento com eles. Alguns artistas que estavam conosco na época: o Clóvis Pinho (um cantor gospel que explodiu com a música "Ninguém Explica Deus"), a Priscila Alcântara (outra cantora gospel que hoje está fazendo muito sucesso e que na época ainda estava no Bom dia & Cia., um programa infantil do SBT), as Ester's (que era formado pela Nanah, a Aline e a Karen) e outros mais.

Organizamos o evento para o lançamento da gravadora. Tudo estava indo conforme o planejado. Eu queria aproveitar esse momento e produzir esse filme pela minha gravadora. Então, comentei com a Thaís (que naquela época era minha esposa) sobre minha ideia de chamar a Aline para contracenar comigo no filme. Mas, ela sugeriu que, em vez de Aline, que eu chamasse a Nanah.

A Thaís achava a Nanah alegre e dizia que ela dançava muito bem. Achava que seria melhor para esse projeto. Acho que se a Thaís soubesse que depois eu acabaria me casando com a Nanah, ela não me daria esse conselho. No capítulo sobre relacionamentos, eu conto um pouco mais sobre tudo isso. Não deixe de ler!

Bem, eu juntei cinco músicas e fiz o filme interligando essas letras com uma história romântica. Uma das músicas se chamava "Uma História Assim" e eu achei que esse nome cairia bem como sendo o título do álbum, além de resumir um pouco do trabalho, como um todo.

A produção foi feita de maneira simples. Chamei alguns amigos para ajudar com as câmeras. O Thiaguinho mesmo estava participando e ele mesmo incentivava, dizendo: "Liga aí", se referindo à câmera. Eu tinha uma boa noção de tecnologia. Fazia algumas gravações no meu iPhone. Aí pegava outros vídeos que eu gravava e jogava para dentro do iPhone. Depois, eu conseguia me ver gravando pela tela do iPhone e ia conseguindo montar uma estrutura audiovisual bacana.

Eu não estava com dinheiro o suficiente para lançar esse DVD. Então, apostei num outro caminho: resolvi soltar os vídeos no Youtube. Porém, naquela época, essa mídia não tinha a mesma força que vemos hoje em dia. Mesmo assim, dois meses depois, o vídeo feito com o Thiaguinho viralizou, a faixa "Palavras de Amigo". E, quando nos demos por si, estávamos dando entrevista para o programa "Fantástico" da rede Globo, com a Regina Casé no quadro "Minha Periferia" e no programa "Central da Periferia", também apresentado por ela.

O disco inteiro explodiu! Eram cinco vídeos, mas, ao todo, eram 14 músicas. Todas essas 14 músicas estouraram! O álbum fez um grande sucesso!

Mas, infelizmente, embora por um lado a carreira decolava com esse álbum, meu casamento com a Thaís estava passando por um esfriamento. A gente acabou se separando e eu comecei a namorar com a Nanah. Mais detalhes são dados no capítulo sobre os meus relacionamentos.

Como a ideia do "Uma História Assim" deu muito certo, no ano seguinte, 2009, parti para mais um projeto e dei sequência à mesma ideia, gravando o "Uma História Assim 2". Fizemos outro filme, só que incluímos um DVD ao vivo nesse projeto, com um show gravado no Rio de Janeiro e que contava com todos os sucessos do primeiro volume do "Uma História Assim". O Show estava lotado! As pessoas sabiam cantar todas as músicas.

Mas uma coisa muito peculiar também aconteceu na gravação desse show. Eu era brigado com o "Belo", cantor de pagode. A gente não se dava bem há muito tempo. Mas o Thiaguinho fez uma coisa inesperada. Ele era meu fã e era fã do Belo também. Ele conseguiu juntar a gente e fez a gente voltar a conversar.

Então, depois disso, eu convidei o Belo para participar do DVD e mostrar que estávamos de trégua, que essa briga tinha acabado. Só que na hora da gravação do DVD, o Belo não foi! Ele apareceu antes do show, viu o cenário, passou o som, etc., estava tudo certo. Mas na hora da gravação do show, ele não veio! A gente tinha anunciado a vinda dele e tudo o mais. Separamos um elevador específico para ele aparecer na hora do show, mas na hora ele não apareceu! Aí a briga que tínhamos e a trégua que havíamos feito, infelizmente, caiu por terra e tudo piorou outra vez!

Depois, ele me explicou o que aconteceu. Ele estava com um problema com a justiça. Estava, inclusive, em liberdade condicional, e tinha limitações de horário e até de apresentações em show. Então, o horário acabou não batendo e ultrapassava o limite de shows impostos para ele pela justiça. Ele só podia fazer um show por noite e o meu seria o segundo. Por isso, ele não pôde participar. Mas, claro que na hora, sem saber disso, fiquei muito chateado com ele. Depois, eu entendi um pouco o lado dele, mas ainda não consigo ter a visão completa, pois não sei se ele já sabia desse show que ele fez antes do meu, se foi a equipe dele que fez confusão. Enfim... A vida tinha que seguir!

E seguiu! No ano seguinte, trabalhei em outro projeto, o álbum "É Assim que Funciona", lançado, então, em 2010. Esse é um disco um pouco mais "comum". É um disco que eu gosto e não gosto. É difícil de explicar. Nessa época, eu estava com um contrato de representação com um escritório que se chamava "Inova Show".

O meu empresário na época, o Fábio, que é meu amigo até hoje, não gostava do jeito que eu me vestia, do que eu fazia, e eu me acho um "tonto" na capa do disco, com um corte de cabelo que eu não queria ter, uma roupa que eu não gostava e ainda fiz um som que eu não queria fazer. Mesmo assim, esse disco fez bastante sucesso, mas não da forma como eu queria.

Mas a minha carreira também é marcada por superações. Eu sou uma pessoa de personalidade forte, resoluta e que não fica preso ao que passou. No ano seguinte, segui com o projeto "Uma História Assim", que vinha dando muito certo. Assim, em 2011, lancei o DVD "Uma História Assim 3", fechando a trilogia dessas canções e filmes.

A gravação do DVD foi feita em Porto Alegre, no Rio Grande do Sul. O trabalho conta com músicas dos projetos anteriores que fizeram grande sucesso e conta com os recentes sucessos, como "Já Caiu", "Já Foi", "Para de Falar Tanta Besteira", "A Melhor Parte" e "Luz na Escuridão".

Também contamos com a participação especial de André Marinho, que fez parte da *boyband* "Br'oZ", e que na época era vocalista do grupo de pagode Cupim de Mesa, e do Oscar Tintel, já mencionado, que me deu um CD do Usher de presente, que também já havia feito parte do grupo "Br'oZ" e que naquela época era vocalista do Grupo Disfarce, de pagode.

Em 2013 gravei o álbum "O Mundo Dá Voltas", que também foi um filme. Como essa ideia deu muito certo com a trilogia "Uma História Assim", esse projeto casou muito bem. O filme conta um pouco da minha história, desde criança. Foi um trabalho bem bacana, que eu gostei do resultado final e que também fez sucesso.

5. A CARREIRA SOLO

Capítulo 6

O breve retorno ao grupo "Os Travessos" e a nova fase de carreira solo

Acervo pessoal

No ano seguinte, 2014, voltei para o grupo "Os Travessos". Como eu já havia comentado, minha saída não se deu por causa dos outros integrantes do grupo. A saída se deu por causa do meu empresário. Cheguei a ver outros vocalistas saindo de seus grupos e seguindo carreira solo e confesso que não imaginava que um dia iria sair.

Depois de sair, também não passava pela minha cabeça voltar. Minha carreira solo estava indo muito bem. Eu aceitei retornar porque estava vivendo um ótimo momento como compositor e produtor. Cheguei a compor músicas para vários nomes da música, como Thiaguinho, Michel Teló, Luiza Possi, Fiuk, Jeito Moleque etc. Como produtor, gerenciei a carreira de vários outros artistas, alguns já mencionados anteriormente.

O ano de 2014 era interessante para esse retorno, afinal, o grupo completava 20 anos de formação. A nossa ideia, enquanto grupo, era fazer uma turnê pelo Brasil, em comemoração dessas duas décadas (que acabou rendendo um álbum inédito) e na gravação de um DVD.

Fizemos vários shows. Eu me sentia de volta à família. O sucesso da turnê foi tão grande que gravamos o DVD "#OTVS 20 Anos". Foi outro sucesso. Porém, minha estadia no grupo acabou sendo muito rápida. Saímos em turnê pelos Estados Unidos; nessa ocasião me desentendi com o outro vocalista e decidi sair do grupo, o que aconteceu em 2015.

No ano seguinte, em 2016, novamente em fase de carreira solo, lancei o álbum "Xinga Aí". Foi um modo de colocar um pouco para fora os meus sentimentos e a minha reação com as pessoas que me xingavam pela saída do "Os Travessos". A música falava por si só:

6. O BREVE RETORNO AO GRUPO "OS TRAVESSOS" E A NOVA FASE DE CARREIRA SOLO

"Xinga Aí". Num trecho dela, cantamos: "O que aconteceu, cê vai ver, não foi eu quem errou, mas você diz que sim". Essa música não estourou na época, mas veio a explodir com o "Legado", cerca de cinco anos depois.

É difícil dizer porque algumas canções e, às vezes, até mesmo álbuns, não emplacam tanto quando são lançados, mas tempos depois acabam tendo uma repercussão grandiosa. Uma das coisas que contribuem para isso, eu acredito que sejam algumas informações, que nem sempre o grande público tem disponível e que demoram mais para chegar à cabeça das pessoas.

Eu compunha muito diferente, falava de papos muito diferentes e a sonoridade também era muito diferente. Eu vim do mundo do samba e posso dizer que o samba, enquanto estilo musical, é bem ciumento. Se você ouvir uma música sertaneja, vai ouvir um pandeiro; se ouvir uma música *black*, vai ver um pouco de MPB, às vezes; todo mundo usufrui do samba, mas o samba não usufrui de ninguém. É uma troca muito mais difícil de acontecer.

Você vê muita música de samba de *featuring* (participação especial) de sertanejos e de outros segmentos musicais, mas o contrário é mais raro de se perceber. Ao longo da história, você vai encontrar pouquíssimas participações de sambas em músicas de sertanejos.

E, às vezes, nem mesmo o público entende muito bem essas misturas, essas novidades musicais, e enxerga isso como algo passageiro, algo de momento, quando não torce o nariz. Mas é aí que entra a importância do tempo, pois conforme os dias vão passando, essas novidades vão penetrando a cabeça das pessoas, elas vão se acostumando, até que cai no gosto do grande público e faz sucesso.

E o mundo da *black music* não é um universo de modismo, algo passageiro. É um estilo de vida! A pessoa que gosta de *black* e que ouve esse tipo de música, se veste conforme esse estilo, brinco, boné, o tipo de roupa, o jeito de falar, de andar, aquele jeito meio americano, com tatuagens (eu mesmo tenho mais de 40, mas não saio fazendo elas de maneira aleatória; na verdade, cada uma delas está relacionada com algum momento da minha vida) etc. Ou seja, não é só cantar o *black*.

Eu tenho muito disso em toda a minha vida. Aí aparece o meu filho, o Gaab, cantando *black*, meu irmão, Dan, que canta *black*, a Nanah, que já cantava gospel, mas em estilo *black*, e sempre tinha um pouco de *black* no "Os Travessos"; isso foi entrando na cabeça das pessoas. Tanto que hoje, tem gente que procura para fazer trabalhos assim, e já sabem exatamente o que querem em termos de batida etc.

Demorou um pouco, mas essa mistura do samba com o *black* pegou. Eu precisei ser resistente. Aliás, eu sempre fui uma pessoa resistente. Nunca me rendi àquilo que estava acontecendo ao meu redor como modelo único e querendo pegar carona naquilo.

Eu sei que também o meu estilo de compor, aquela coisa de falar da realidade, por um lado também chocou e fez com que demorasse um pouco a pegar. O mundo do samba é, por natureza, meio fantasioso. Eu não estava preocupado em fazer canções de amor com aquela pegada poética, mas em falar do mundo real.

Essa realidade deu certo, tanto que, o meu maior sucesso foi a faixa "Livre Pra Voar", na qual eu canto "prometo te dar carinho, mas gosto de ser sozinho, livre pra voar. Quem sabe outro dia a gente possa se encontrar". A letra manda a realidade: saímos hoje, mas

6. O BREVE RETORNO AO GRUPO "OS TRAVESSOS" E A NOVA FASE DE CARREIRA SOLO

amanhã não temos mais nada. Não espere nada sério. Foi um encontro pontual, casual.

É como eu disse: às vezes, isso choca algumas pessoas. Elas estavam acostumadas com aquelas canções de amor poéticas. Porém, quando as pessoas captaram minhas composições, essa mescla com o estilo *black* deu muito certo. Até porque, na maioria dos casos, é isso mesmo que as pessoas querem, menos compromisso, mais liberdade, momentos prazerosos. É o que a maioria das pessoas, de fato, vivem nas baladas. A chave demorou, mas virou. E depois que a chave virou, o sucesso acompanhou.

De qualquer modo, depois desse disco, "Xinga Aí", eu me mudei para os Estados Unidos, indo morar na cidade de Miami, na Flórida. Aí gravei, em 2017, um disco chamado "Pagode Flashback", no qual eu fiz uma coletânea dos meus sucessos desde o início, na época de "Muleke Travesso" até aquela fase de carreira solo. Mesmo morando nos EUA, eu vinha toda semana para o Brasil fazer show.

Mas essa experiência foi muito curiosa. O fato de eu morar no exterior fez com que muita gente me visse como um artista internacional. Em alguns anúncios, apresentadores diziam: "Diretamente de Miami, Rodriguinho!" Quando eu morava no Brasil e era preciso inserir a passagem aérea de músicos para o evento, era comum passarmos por negociações em que as pessoas choravam essas passagens. Mas, quando eu estava nos Estados Unidos, esse tipo de coisa parou de ser questionada e todo mundo pagava.

Foi quando eu percebi um pouco do glamour do meio artístico. Apesar de eu achar tudo isso estranho e muito louco, no final das contas me deu outra crescente na carreira. Musicalmente, eu não mudei nada nessa experiência fora do Brasil, mas o olhar das pessoas por aqui era outro, de mais respeito, de mais interesse.

Se por um lado não tive nenhum acréscimo relevante à musicalidade nesse tempo nos Estados Unidos, por outro, foi muito bom para a minha família. O Jaden, por exemplo, meu filho mais novo, fala inglês fluentemente. Ele aprendeu a ler e a escrever por lá. Quando falamos em inglês com ele, é como se ele virasse uma chavinha. Ele vira um "americano".

Essa mudança para os EUA aconteceu depois que a Nanah estava um pouco desanimada da carreira musical. Ela queria dar uma mudada em termos de carreira e passou a adentrar mais no mundo fitness. Ela queria ser *personal trainer* e lá nos EUA é um pouco mais fácil e mais valorizado esse tipo de trabalho.

Ela conseguiu ingressar nessa nova carreira e trabalhou um bocado com isso, mas passei por uma situação inesperada e perdi o meu *green card*. Em razão disso, tive que me mudar para o Brasil de novo. A minha ideia, quando gravei o "Pagode Flashback", era ficar morando nos EUA mais tranquilamente e me aposentar por lá. Mas, não nos deixamos abalar com isso e voltamos para nosso país.

Nesse mesmo período, o Gaab fez muito sucesso e a minha neta nasceu. Então, eu me senti na obrigação de me dedicar à minha carreira novamente. Em 2017, lancei o álbum "Samba", que foi um projeto bem legal, e dei continuidade a outros projetos. Foi também nessa época que nasceu o "Legado", cujos maiores detalhes eu conto um pouco adiante no capítulo intitulado "Um Novo Legado".

O projeto "Legado" foi um baita sucesso! Foi algo que começou de maneira bastante simples, sem nenhum pretensiosismo, mas que explodiu. No mesmo ano do álbum "Legado: Música Para Brisar", de

2018, lancei uma segunda versão do projeto "Samba", que chamei de "Samba: Volume 2".

Gravei mais alguns álbuns, como o "Cheio de Maldade", de 2019; a trilogia "30 Anos, 30 Sucessos: Começo", "30 Anos, 30 Sucessos: Meio" e "30 Anos, 30 Sucessos: Não Tem Fim", todos também de 2019; e o álbum "Blá Blá Blá", de 2020. Enquanto esse livro é publicado, estou trabalhando em outro projeto, que se chamará "Mundo Paralelo".

Capítulo 7

Relacionamentos

Acervo pessoal

Eu conheci a Sabryna nos corredores de um estúdio onde eu trabalhei, o "Gravo Disk". Eu estava no processo de gravação do meu primeiro disco do "Os Travessos" e ela foi até esse local. Quando eu estava descendo as escadas, nos cruzamos, enquanto ela subia. Nossos olhares também se cruzaram e ali já rolou aquele clima comigo.

Ela foi até a gravadora acompanhando uma amiga. O namorado dessa amiga estava gravando também num outro estúdio da mesma gravadora. As duas eram muito bonitas, loiras, chamavam a atenção. Isso era uma segunda-feira.

No dia seguinte, eu estava num barzinho na Mooca, e acabei me encontrando novamente com as duas. Eu me aproximei pela amiga dela, a fim de dar aquela paquerada, mas ela logo me disse que tinha uma amiga que era louca para me conhecer. Então, ali eu vi que ela não ia querer nada comigo e quis conhecer essa tal amiga. Ela veio logo e me apresentou a amiga, a Sabryna.

Trocamos algumas palavras, peguei o telefone dela e começamos a nos falar desde o dia seguinte. Ela morava com a amiga e me convidou para ir até onde ela morava. Eu ainda não conhecia muito desse mundo do glamour artístico. Fui até lá de metrô. Mas, quando cheguei, fiquei impressionado com o apartamento, que, apesar de pequeno, era muito aconchegante.

Logo que eu cheguei, a amiga dela saiu e nos deixou à sós. Eu era jovem, com pouca experiência de vida ainda. A Sabryna era seis anos mais velha do que eu. Alguns minutos depois que estávamos sozinhos, ela me disse que queria fazer algo, mas que não sabia se eu iria gostar. Perguntei o que era, e ela não hesitou, explicou que queria fumar um baseado. Ela perguntou se eu gostava. Eu nunca tinha visto e nem sabia o que era aquilo, mas, como eu queria entrar em qualquer clima com ela, eu disse que gostava.

Eu nem sabia fumar. Fumei com ela. Dormi lá aquela noite. E fiz a loucura de ir para lá sem nem avisar meus pais. No dia seguinte, quando cheguei em casa, meus pais estavam preocupados. Me perguntaram onde eu estava, eu respondi que dormi na casa de uma menina. Meu pai me chamou no canto para conversar. Saímos pelas ruas do bairro. Andamos um bocado em silêncio. Eu bastante preocupado com o que ele faria.

Paramos numa lanchonete. Fizemos nosso pedido. Depois de comermos, ele começou a conversa. Sua pergunta foi: "Você acha que o que você fez estava certo? Você acha que sua mãe e eu merecemos isso? O que você acha? O que tem a me dizer sobre isso?" Eu pedi desculpas, reconheci meu erro. E meu pai insistia comigo querendo saber se eu realmente estava arrependido e se eu não ia mais fazer isso com eles. Eu confirmava o arrependimento e também que não voltaria a fazer isso.

Eu passei o dia e até mesmo a noite ainda esperando que eu iria apanhar do meu pai. Mas ficamos realmente naquela conversa sincera e profunda. Essa experiência com o meu pai me marcou muito. Eu queria educar os meus filhos do mesmo modo, na conversa. Aquele papo foi mais duro do que levar uma surra.

Alguém olhar no seu olho e querer saber se pode confiar em você e querendo uma postura de homem foi muito mais marcante do que apanhar. Eu descobri com ele, naquele dia, que ser homem é muito mais do que ter um órgão genital masculino. É ter palavra.

Por outro lado, tudo isso gerou uma visão negativa da Sabryna para os meus pais, afinal, além de ser mais velha do que eu, ela não se preocupou que eu avisasse meus pais que eu estava fora, ou que passasse a noite fora sem o conhecimento e consentimento deles. Eles ficaram com o pé atrás já ali. Porém, depois que eu levei a Sabryna para os meus pais conhecerem, esse ponto de vista mudou. Ela rapidamente conquistou meus pais.

Mas a Sabryna também tem um temperamento forte. Essa conquista foi perdida tempos depois. Meu pai tinha uma visão mais conservadora sobre essa questão de tatuagens. A Sabryna tinha uma na barriga e outra no seio. Um dia, estávamos viajando para Bauru e meu pai comentou: "Nossa, uma menina bonita, mas cheia de tatuagens...". Ela, sem medir palavras, retrucou na hora: "O corpo é meu! Faço com ele o que eu quiser!" Depois disso, meu pai já se fechou para ela novamente. A viagem de volta foi com climão. Meu pai já não falava com ela e nem olhava no rosto dela.

Quando chegamos em casa, meu pai e minha mãe desceram do carro, tiraram as malas e logo ele me disse para levar a Sabryna para a casa dela. Daquele dia em diante, ela nunca mais entrou na minha casa. Meu pai já colocou um limite entre eles. Eu não sei dizer se foi só isso que aconteceu ou se aconteceu mais alguma coisa em outra ocasião.

Meu relacionamento com a Sabryna era bem conturbado. Um dia, fui com o Dodô, do grupo Pixote, em Mogi das Cruzes, para um evento de pagode e ela ficou com ciúmes de mim, nem me lembro o porquê. Ela já estava grávida do Gaab nessa época. Só sei que voltamos brigando no carro. Eu dirigia, ela estava do meu lado e o Dodô atrás de nós, vendo aquilo tudo. De repente, a Sabryna me deu um tapa no rosto e a coisa esquentou ainda mais. O Dodô preocupado com a briga, pois eu estava ao volante, tentou mediar, falou para pararmos, e a Sabryna acertou um soco no rosto dele. Em meio à confusão, a blusa dela caiu, um tomara que caia, o seio ficou à amostra, e eu fiquei desesperado, não sabia se ajudava a levantar a blusa, se dirigia, se falava, então parei o carro. Ela desceu nervosa. O Dodô pedia para ela voltar para o carro. Enfim... voltou para o carro e fomos embora.

Eu até imaginava que depois de grávida, que o relacionamento dos meus pais com ela melhoraria. Mas, isso não aconteceu. A Sabryna estava com oito meses de gravidez, e um dia meu pai nos viu conversando do lado de fora de casa (pois ela continuava não entrando lá), me cumprimentou, deu um beijo na barriga dela e entrou. A mensagem estava dada: falo com meu filho, com meu neto, mas com a Sabryna não!

A Sabryna foi muito parceira. Ela já tinha uma vida estabelecida. Sempre me ajudou financeiramente naqueles dias de início de carreira. Eu ainda não conseguia sobreviver da música. Ela pagava muita coisa para mim. Quando eu tinha meus desentendimentos com meu pai, eu ia para a casa dela. Muitos desses desentendimentos com meu pai tiveram a ver com o meu relacionamento com a Sabryna. A gente se gostava demais!

E a gente se entendia muito bem nos momentos mais escassos também. Já sentamos na frente de padaria para comer pão com mortadela, pois estávamos sem dinheiro. Não estávamos juntos por aquilo que poderíamos proporcionar um pelo outro.

Mas, como mencionei, nosso relacionamento também era conturbado. Às vezes, brigávamos e ficávamos uns dias separados. Numa dessas brigas e separações, acabei conhecendo outra pessoa, a Vanda. Ela era uma moça incrível. Estava estudando Direito na época.

Superinteligente e envolvida com outro mundo, que não tinha nada a ver com a música.

Enfrentamos muitas brigas por conta desse novo relacionamento. E, em meio a todas essas idas e vindas, quando eu terminava com a Vanda, voltava para a Sabryna; terminava com a Sabryna e voltava para a Vanda; e esse ciclo foi se repetindo algumas vezes. Mas o ponto final aconteceu quando meu pai morreu. Meu pai não chegou a ver o neto. Ele morreu pouco tempo antes do Gaab nascer. E o término definitivo com a Sabryna se deu no velório do meu pai.

Tanto a Vanda quanto a Sabryna estavam lá. Depois que os familiares saíram de perto do corpo, as duas estavam perto do meu pai. A Vanda colocou a mão dela perto do meu pai e ficou de cabeça baixa. A Sabryna foi do outro lado e falou algumas coisas com a Vanda. Eu não sei o que ela disse, mas era provocativo. A Vanda ficou quieta. Eu estava em outro ponto do local do funeral e vi aquilo tudo acontecer. Quando a Sabryna viu que eu estava perto, veio querer acusar a Vanda de alguma coisa, mas eu vi que foi ela quem foi provocar e que a Vanda estava quieta. Aquela situação toda, de nem mesmo respeitar o velório do meu pai, me afastou da Sabryna e encerrou o nosso relacionamento.

E as coisas aconteceram muito rapidamente. Justamente depois da morte do meu pai é que minha carreira decolou e que o sucesso veio. Lembro que, num show, tive uma sensação estranha. Peguei o telefone e liguei para a Sabryna. Ela disse que já estava no hospital e que o bebê ia nascer naquele momento. Foi meio que um pressentimento. O Gaab nasceu. Meu pai não conheceu o neto, não viu o sucesso que ele também investiu e esperou e nem viu o meu término com a Sabryna.

Eu sempre tive o problema de engatar um relacionamento no outro. Eu estava com a Sabryna e engatei com a Vanda. Eu estava com a Vanda e engatei com a Thaís. Eu estava com a Thaís e engatei com a Nanah. No momento, estou separado da Nanah. E essa é a primeira vez na minha vida que eu fico solteiro realmente. Eu nunca estive sozinho assim, sempre com alguém.

Eu namorava com a Vanda, na época. Estávamos noivos. Mas nosso relacionamento não acabou com uma traição. Eu brigava e me separava. E arrumava outra namorada nesse mesmo tempo. Eu não traio. O que eu disse de "engatar" é no sentido de que esses novos relacionamentos aconteceram rapidamente. Não eram novos relacionamentos que demoravam muito tempo para acontecer.

E foi numa dessas situações de briga que eu conheci a Thaís. A minha história com ela, já adianto, é uma história muito louca. A gente se viu pela primeira vez num programa de TV. Foi tipo um amor à primeira vista. Era um jogo de *paint ball*, "Os Travessos" versus "Axé Blond". Enquanto nos preparávamos para o jogo, eu peguei um moletom camuflado, estilo do exército, e ela também pegou o dela. Só que eu peguei um pequeno e ela pegou um grande.

Quando vimos que os tamanhos não eram compatíveis, falamos que os nossos moletons não cabiam e acabamos trocando olhares. Aí trocamos os moletons em seguida. Mas, por dentro, eu já estava apaixonado, pensando: "Essa é a mulher. Eu preciso dela!" E nesses dias, eu briguei com a Vanda, terminamos o namoro e eu já "engatei" na Thaís.

Mas não foi tudo tão fácil assim. A Thaís ficava com um rapaz que fazia bastante sucesso na época. Ele era do meio do samba e tínhamos uma rixa. Não gostávamos um do outro. Quando eu fiquei sabendo que a Thaís ficava com esse rapaz, aí é que eu me motivei ainda mais a tentar me aproximar dela. Havia uma motivação extra para conquistar a Thaís.

Começamos a namorar, mas a Thaís era muito ciumenta. Eu também não ficava para trás: tinha um ciúme louco dela. Nosso relacionamento era intenso. Eu fui tão apaixonado por ela que fui capaz de, literalmente, fazer loucuras. Uma vez, eu disse que se ela não viesse falar comigo, que eu ia bater o meu carro no portão da casa dela. Fiz isso logo em seguida! Noutra vez, eu disse que se ela não descesse para me atender que eu iria deitar na rua dos Patriotas (que era onde ela morava) e que ficaria ali até um carro passar sobre mim. E ela não descia! Era turrona igual a mim.

Nós fazemos aniversário no mesmo dia, 27 de fevereiro. Nosso relacionamento era muito intenso. Eu era tão alucinado por ela que, quando eu ia para um show, ia conversando com ela pelo celular enquanto a van fazia o seu trajeto todo. Descia da van e continuava conversando, isso até entrar na porta do avião. Quando aterrissávamos e era permitido usar novamente o celular, eu ligava outra vez e continuávamos conversando até chegar no hotel. Mesmo lá eu não parava, pois prosseguíamos conversando até entrar no show. E mesmo no show, eu não desligava o celular. Eu prendia a cordinha do celular no palco e ficava com a ligação em andamento, para ela ouvir o show inteiro. Quando eu ia para o camarim, não atendia fãs, continuava falando com ela. Às vezes, eu até me trancava no banheiro para falar com ela pelo celular. Nem preciso dizer que minhas contas de celular, no início dos anos 2000, vinham superaltas, né? Era algo em torno de dez mil reais!!

Aconteceram outras situações tão loucas quanto essas. Numa época que era véspera do Dia dos Namorados, eu tinha show em Manaus num dia, e em Macapá, no outro. Lembro que ela me disse: "Se você não vier almoçar amanhã comigo, no dia dos namorados, a gente termina". Eu fretei um jato, passei o Dia dos Namorados com ela, almocei e depois voltei no mesmo dia para Macapá.

Eu era muito apaixonado por ela. Cheguei a bater a cabeça no nosso ônibus uma vez que discutimos. Eu dizia: "Se você não voltar, eu vou me machucar". E não me importava com o que as pessoas iriam pensar a meu respeito. Meus pensamentos estavam fixos nela, apenas.

Teve uma outra vez que a gente brigou e ela estava no Domingo Legal, com o Axé Blond, na banheira do Gugu. Como eu conhecia todo mundo da produção, eu liguei para eles e entrei ao vivo para pedir para que ela voltasse comigo. Ao vivo! Ela estava de biquíni, pronta para entrar na banheira do Gugu e, mesmo assim, disse que não! Eu chorei ali mesmo, ao vivo. O Brasil inteiro vendo. E o Domingo Legal, em primeiro lugar de audiência. Só sei que hoje eu me lembro disso e dou muita risada. Me pergunto como fiz uma coisa dessas? Risos!!!

Eu não tinha equilíbrio emocional. Qualquer coisa que ela pedisse eu fazia. Uma vez, eu comprei um carro rosa para ela, mesmo sem ela saber dirigir. Até que ela aprendesse a dirigir, eu andava com ela do meu lado, conduzindo essa boneca, pois eu a chamava de Barbie. E fazia qualquer coisa por ela.

Fomos à uma loja de calçados outra certa vez. Ela olhou as botas e os sapatos que a loja tinha disponível no mostruário. Perguntei qual ela queria. Ela disse que estava em dúvida, pois tinha gostado de todos. Então, eu logo disse para a vendedora: "Traga todas as botas e todos os sapatos número 34, por favor". A gente saiu de lá com uns 70 pares de sapato.

Isso é só uma demonstração de que não havia nada que eu não fizesse por ela. Qualquer coisa eu estava disposto a fazer.

Chegou um dia que ela recebeu um convite de posar para a revista masculina Playboy. Ela me perguntou o que eu achava. Eu não me contrapus. Incentivei-a a posar. Ela assim fez. Quando chegou o dia da festa, não me deixaram participar. Até aqui eu estava calmo. Mas quando me proibiram de participar da festa, aí o meu sangue ferveu. Eu briguei com a Thais, discutimos, que queria rasgar o vestido dela. A coisa estava prestes a pegar fogo. Minha mãe me deu uns remédios para me acalmar, que, na verdade, me sedaram. Eu apaguei. E, então, ela conseguiu ir à festa.

A preocupação foi tanta, pois as pessoas sabiam dos meus históricos de briga, que os dois seguranças do grupo "Os Travessos" ficaram na porta do lado de fora para não deixar eu entrar e me trazer de volta, caso eu chegasse por lá para arrumar confusão.

Em meio a essas nossas confusões, a Thaís começou a ir à igreja e se converteu à fé evangélica. Depois que ela entrou na igreja, isso melhorou bastante. E como eu comecei a ir também algum tempo depois, tudo ficou muito melhor em termos dos nossos ciúmes.

Ela foi à igreja com uma amiga dela. Começou a ir por algumas semanas e pouco tempo depois se entregou a Cristo. Ela, insistentemente, sempre ficava me chamando para ir à igreja. Mas eu respondia negativamente e sempre achando que ela estava chata.

Percebi que a coisa dela com a igreja estava ficando séria quando ela saiu do grupo, pois isso era algo que ela gostava muito.

E o grupo estava bem, fazendo sucesso. Ela queria ser mãe e dizia que sua vida não condizia com sua nova vida na igreja. Um dia ela me pediu para levá-la à igreja. Eu a levei e parei do lado de fora com o carro. Ouvi um pouco dos louvores que tocavam ali. E, diga-se de passagem, os louvores do "Renascer Praise" são incríveis. Era algo que eu nunca tinha ouvido em lugar nenhum.

Mas, naquela ocasião, quando abaixei o vidro para me despedir, ouvi aquele som agradável e perguntei para ela: "O que é isso?" E ela respondeu que era o louvor da igreja. Eu não podia acreditar. Mas gostei tanto que parei o carro e entrei na igreja. Me apaixonei quando vi a banda tocando! Musicalmente, eles são excepcionais. Eu gostei tanto que fui à uma lojinha e comprei a coleção toda do "Renascer Praise". Eles tinham acabado de lançar o volume 8. Comprei aqueles oito CDs.

Logo eu também me converti. Quando ela se converteu, veio com a conversa de um compromisso de castidade, que não faríamos mais sexo. Eu me assustei com aquilo e logo questionei: "O que é preciso para voltarmos a fazer sexo?" E ela respondeu: "Precisamos nos casar". Então marcamos para a primeira data disponível, cerca de um mês depois.

Mesmo sendo às pressas, nosso casamento não foi algo de qualquer jeito não. Nos casamos na igreja Renascer. Quem celebrou nosso casamento foram os líderes dessa igreja, o apóstolo Estevam Hernandes e a bispa Sônia. O Renascer Praise tocou na cerimônia. Tudo isso em um mês! Só para não ficar sem sexo. Risos!!

A gente se casou no dia 20 de setembro de 2003. E seu desejo era já formar logo uma família. Em novembro já engravidou. E em 1º de setembro do ano seguinte, nascia o Júnior. Pouco tempo depois do nascimento do Júnior, eu saí do grupo "Os Travessos". Aquela história do meu despejo e do bebê de colo se encontra aqui.

Mas fui me envolvendo mais na igreja. Fiz amizade rapidamente com todos os músicos. Muitos deles vinham em minha casa. Em pouco tempo eu estava tocando na igreja. E até fui convidado para participar do próximo volume do "Renascer Praise", mas não me sentia ainda preparado para me envolver assim, pois falar de Deus é algo muito sério.

Porém, em meio às turbulências que eu vinha enfrentando com a saída do "Os Travessos", problemas financeiros e outros turbilhões de coisas, tive um tempo separado da Thaís. E, justamente, nesse período longe dela, conheci uma pessoa e acabei engravidando essa pessoa. Fiquei com um sentimento de culpa muito grande sobre tudo isso.

Numa conversa com a Thaís para reatarmos, eu contei para ela sobre esse envolvimento com outra pessoa. Ela foi compreensiva. Dizia entender a situação, pois nosso relacionamento não estava nada bem antes disso. Ela me perguntou se eu ainda estava com a moça. Eu disse que não. "Mas...", continuei, "ela está grávida".

A Thaís não brigou, não se exaltou, não xingou, não fez nada de exaltado. Ela entrou no nosso quarto e eu fiquei esperando na sala. Como ela estava demorando a sair de lá, fui ver o que estava acontecendo. Foi quando eu vi duas malas arrumadas. Quando vi aquilo, fiquei ainda mais triste. E, logo em seguida, ela me colocou para fora do apartamento. Ela mesma levou minhas malas para fora.

Ficamos separados uns três meses. Depois desse tempo voltei a procurá-la. Expliquei que já havia conversado com a moça com quem tive esse rápido relacionamento e que não tínhamos nada. A Thaís estava firme na igreja e possuía uma maturidade muito grande. Ela me ouviu e consentiu em voltar. Mas estabeleceu que, quando a criança nascesse que ela queria que um exame de DNA fosse feito, pois a criança não tinha culpa de nada do que tinha acontecido. Confirmando que o filho era realmente meu, ela estava disposta a conviver com a criança, pois como ela mesma ressaltava, não era culpada de nada. E, sendo meu filho, que tivesse todos os direitos legais.

Chegou o dia da criança nascer. Estava tudo certo. Eu iria à maternidade para acompanhar o nascimento. Em seguida, já estava combinado que o teste de DNA fosse feito. Porém, do outro lado, a moça se sentiu muito ofendida com a ideia do exame e brigou comigo aos montes pelo telefone, questionando: "Quem você acha que eu sou?" E coisas do tipo. Ela dizia até mesmo para eu nem ir até a maternidade. Enfim, acabei não indo.

Fiquei muito mal com tudo aquilo. Além disso, também muito confuso. Sem pensar muito, terminei com a Thaís e me dirigi à cidade da moça. Não fiz nenhum teste. E, logo em seguida, registrei a criança. Eu nem contei para a Thaís sobre o registro. Confusões ainda aconteciam. Mesmo assim, noutra ocasião mais adiante, voltei com a Thaís novamente. Ela ainda dizia a mesma coisa, que não tinha nenhum problema com a criança, mas que queria ver o resultado do DNA. Mesmo assim, optei por não contar sobre o registro e fomos seguindo a vida.

Algum tempo depois, a Thaís engravidou da Vitória. A notícia da gravidez foi divulgada pelas mídias. A moça com quem me envolvi nesse intervalo viu essas notícias. Finalmente, ela consentiu em fazer o exame de DNA. Ela mesma me procurou dizendo que topava fazer, pois não queria que o filho ficasse espalhado por aí, sem ter relacionamento com os demais irmãos e familiares.

Fizemos o DNA. Só que o resultado não saía na hora. Demorava alguns dias. Enquanto aguardávamos, saí em turnê para Portugal. Assim que cheguei da turnê fui diretamente à clínica para pegar o resultado. Abri o papel, li o conteúdo, mas não conseguia entender o resultado. Encontrei um médico ali e pedi que me ajudasse a entender. Ele me reconheceu e já veio todo animado para o meu lado, falando meu nome. Em seguida, declarou que o resultado do exame dizia que a criança com o nome descrito não era meu filho.

A moça ficou muito sem graça. Não sabia onde escondia o rosto. Muito envergonhada, ela dizia: "Isso está errado. Precisamos fazer de novo". E o médico dizia que havia apenas 3% de chance de erro no exame, mas que se quiséssemos fazer outra vez, não havia problema. A moça ainda mais envergonhada, dizia que me devolveria o dinheiro da pensão que eu já havia pago até ali. Mas, eu respondi que não precisava.

Agora eu precisava ligar para a Thaís. Eu já esperava por aquela frase tradicional: "Eu te avisei". Ela atendeu o telefone. E, do outro lado, eu dizia com um misto de empolgação e nervosismo: "Thaís, o filho não é meu". Ela, em contrapartida, disse: "Tudo bem. Pega suas coisas e vem para casa então".

A Thaís tinha uma maturidade e tanto. E sua vida na igreja fortaleceu ainda mais isso. Por falar em igreja, esse novo mundo me fez conhecer mais pessoas e a me envolver um pouco mais no mundo gospel. Nessa época, eu abri minha gravadora e lancei um álbum gospel, o "Meu Deus não Falha", lançado em 2008. E cheguei a produzir algumas pessoas do meio gospel também, como o Clóvis Pinho e a Priscila Alcântara.

Porém, meu relacionamento com a Thaís não deu certo. Em 2009, decidimos nos divorciar. Depois que me separei dela, eu só mudei a congregação, pois ela continuou a frequentar a mesma que íamos antes. Mas, nunca parei de ir à igreja.

Mesmo apesar da separação, até hoje temos um relacionamento incrível. Estou para abrir um Pet Shop e quem vai administrar o negócio é ela. Atualmente, ela está fazendo faculdade de Medicina Veterinária. Sou eu quem paga o curso. E por conta desse curso, ela é a pessoa ideal para cuidar do negócio. Além disso, ela se dá super bem com a Nanah e com todo mundo. É uma pessoa sensacional.

Os nossos filhos gostam da relação que a gente tem hoje. Tivemos momentos muito conturbados no passado, mas hoje, a paz que temos e a amizade que cultivamos é algo muito positivo. Toda aquela loucura da nossa época de casado acabou sendo compensada desde então. A gente se dá muito bem. Tenho um carinho muito grande por ela.

Minha vida relacional passou por outra mudança. Foi quando eu conheci a Nanah e isso começou logo quando abri minha gravadora. A Nanah era casada nessa época, e já tinha a Aretha. Ela cantava num grupo, o Ester's, e eu estava produzindo o grupo. Nesse meio tempo, a Nanah se separou do marido dela.

Gravamos um filme juntos e isso nos aproximou bastante. Ficou um clima rolando entre nós. Só que eu ainda era casado. Mas ela tinha consciência de que não podíamos deixar esse sentimento dar vazão. Por isso, ela me disse que se um dia eu me separasse, a gente poderia voltar a conversar. Pouco tempo depois, eu pisei na bola com a Thaís e ela se separou de mim. Foi quando eu, solteiro, "engatei" com a Nanah.

Nessa nova fase de relacionamento, a Nanah me ajudou muito a voltar para o eixo que eu tinha perdido, que é o familiar. Ela cobrava de estar com a família todo fim de semana. Depois que ficamos juntos, eu passei a dar mais valor para essas coisas. Isso tem a ver com a cultura familiar dela. A família dela é bem grande e eles tinham um pouco desse costume. De qualquer modo, voltar para esse eixo foi bom para mim. Somente na minha infância e adolescência é que esse tipo de coisa esteve bem presente na minha vida, quando eu sempre viajava com meus pais para Bauru.

Mas isso não quer dizer que nosso relacionamento foi fácil. Também passamos pelas nossas turbulências. Como ela veio com uma criança, aquilo era novo para mim. Eu nunca tinha ficado com uma mulher que já tinha filho. Então, até eu entender que eu também precisava assumir a responsabilidade com a Aretha, enfrentamos muitos desafios. Mesmo assim, valeu e muito o resultado. Hoje, a Aretha é muito amorosa comigo.

E ela também me apoiou bastante na carreira musical, sempre me acompanhando em tudo o que eu estava envolvido. E, eu também sempre apostei muito na carreira dela como cantora e dançarina. Hoje ela está alçando voos muito maiores e merecidamente, pois é muito talentosa. Eu sempre digo que, quando a Nanah estourar meia música, vai ser difícil de segurar.

É outra pessoa que, além de eu torcer bastante, tem tudo o que quiser de mim. Torço sempre por ela, mesmo não estando mais juntos. A gente teve alguns problemas que foram para a mídia, outros problemas que ficaram entre nós, mas sempre soubemos passar por cima disso e ressignificar cada coisa que a gente passava.

Ela sempre me ajudou muito na carreira e tem uma mente muito boa para diversas causas, com as quais ela é engajada. Por isso, vários foram os momentos em que ela me ajudava a ver e perceber que determinadas falas não seriam boas, pois as pessoas poderiam interpretar de uma maneira diferente.

Uma dessas questões é o pensamento machista que muitas vezes passa despercebido no nosso meio masculino. E ela sempre me abriu muito os olhos para isso. E também com ela eu aprendi diversas coisas sobre política, sexualidade e questões raciais, e sobre a minha cor também. A Nanah é uma das pessoas mais importantes para meu amadurecimento de vida também.

Capítulo 8

Um novo legado

Acervo pessoal. Foto: Augusto Wyzz

Quando o meu filho mais velho, o Gaab (Gabriel), nasceu, eu tinha 19 anos de idade (aliás, mesma idade que ele tinha quando a filhinha dele, a Heloísa, e minha neta, nasceu). Eu ainda era muito jovem, mas o nascimento dele demarcou uma nova fase na minha vida. É como se a fase adulta literalmente começasse.

Nessa época, eu ainda não fazia muito sucesso. Então eu tinha que me desdobrar para dar conta de sustentá-lo e ajudar em casa. Eu fazia muitos shows e não parava muito em casa. Mas o tempo que sobrava, eu andava com ele para todos os lados; eu até ia namorar e o levava.

Eu tive a experiência de cuidar do meu irmão quando ele era mais novinho. Como eu disse antes, sou quatro anos mais velho que o meu irmão. E, muitas vezes, precisei ajudar minha mãe a cuidar dele enquanto ela trabalhava. Então, essa experiência de cuidar de crianças me serviu muito quando o Gaab nasceu.

Teve uma época que a mãe dele foi para fora do país, então ele ficava bastante com a minha família, principalmente com a minha mãe e meu irmão, porque eu precisava trabalhar mais nos shows. Inclusive, o meu irmão é quem tem uma parcela bem maior quanto à preparação do Gaab no mundo musical. O Dan sempre ensinava o meu filho alguma coisa da música.

Eu mesmo nunca o ensinei a tocar um acorde de violão. Mesmo assim, ele aprendeu bastante com o tio, e vez ou outra, ele tocava no nosso meio. Eu apenas corrigia uns pontos que não estavam certos e procurava sempre prestar atenção nessas coisas que ele fazia.

Mas o meu envolvimento com a carreira e com os muitos shows, me levaram a ter dificuldades de presenciar momentos marcantes do Gaab. Eu, por exemplo, não pude ver os primeiros passos dele e nem quando ele começou a falar. E, quanto ao talento musical, pelo fato de estarmos muito inseridos nesse mundo, a percepção das suas habilidades artísticas veio depois, de um modo mais natural.

E eu sempre trabalhei para dar o melhor para o Gaab. Ele sempre teve celulares da época, Nextel da época. Ele tinha de tudo. E era aquela criança meio 'aparecida'. Eu cheguei até mesmo a ter alguns problemas na escola dele em relação a isso. Um dia eu fui chamado na escola porque ele disse que não ia estudar, já que o pai dele se formou e não aproveitou nada disso na vida e que ele ia ser artista, como eu.

Noutra ocasião, ele cabulou aula e chegou em casa como se nada tivesse acontecido. Só que ele mal sabia que havia deixado o Messenger aberto e que eu tinha visto que ele não tinha ido na aula. Quando ele voltou, eu perguntei como tinha sido a escola. Ele disse que tinha sido tudo bem. Eu ainda dei corda, perguntando o que ele estudou, e ele respondeu que era matemática. Naquele dia eu dei uma bronca grande nele. Foi a primeira vez que eu precisei ser bem rígido na punição. Eu fiquei mal por tê-lo punido depois. E aquela foi a primeira e única vez que fiz isso.

Então, eu senti a necessidade de enviar o Gabriel para morar fora, para que ele ficasse num lugar que ninguém conhecesse o pai dele e para que ele pudesse se envolver melhor nos estudos. Então, o enviei para a casa de um amigo meu que morava nos Estados Unidos, onde ele ficou por aproximadamente três anos. Foi lá que eu percebi que ele realmente iria ser artista.

A primeira coisa que me chamou a atenção eram as notas dele. Agora sim, ele estava se empenhando e tirando as melhores notas da turma. Em três meses, ele já estava com o inglês fluente. E todos os meses ele ganhava um certificado de melhor aluno da sala. Depois que ele terminou o Ensino Médio, chegou a receber várias cartas de universidades que se interessavam por ele. Foi uma fase bem diferente. Ele me deu muito orgulho morando lá.

Mas, um dia, a chave foi virada. Eu percebi realmente a vocação artística dele quando eu estava produzindo um disco do Thiaguinho e o Thiaguinho me mostrou uma música do Gaab cantando e disse que queria gravar aquela música. Eu fiquei surpreso com a voz e perguntei: "É o meu filho quem está cantando essa música?" Ele respondeu que sim. Fiquei impressionado com a qualidade dele.

O Gaab mandou essa música diretamente para o Thiaguinho, em vez de enviar para mim. Eu era muito criterioso e ele sabia que eu não pegava mais leve com ninguém só porque era da minha família. Para mim, a qualidade não era negociável. Tinha que ser realmente muito boa! Por isso, com receio da minha avaliação, o Gaab não enviou diretamente para mim, mas o fez para o Thiaguinho. Nesse mesmo disco foram gravadas duas músicas do Gaab, inclusive uma sendo de trabalho. Ali eu vi que ele realmente seria artista.

Nesse período, ele veio passar um período no Brasil. A mãe dele ficava até mesmo preocupada de ele não voltar para os Estados Unidos, e eu sempre dizia que ela ficasse tranquila, que isso não aconteceria, pois as coisas dele estavam todas lá. Quando chegou o dia de ele ir embora, para nossa surpresa, ele fugiu de casa. Eu não o encontrei. Ele perdeu a passagem. E acabou ficando aqui de vez.

Fiquei muito zangado na hora. Mas conversamos bastante depois e chegamos ao consenso de ele ficar. Nessa conversa também discutimos se ele realmente queria ser artista. Ele dizia que sim. Então, gravei o primeiro disco dele em 2016, que leva o nome dele mesmo

"Gaab" e que contava com a faixa "Só Você Não Vê" e diversas participações especiais, como a minha e a dos cantores Thomaz Melo e Vilc.

Aquele primeiro álbum ainda não tinha dado grandes resultados. Mas, foi uma semente plantada. Mas, um tempo depois, quando fui produzir um disco do Mc Livinho, o Gaab, por ser muito fã desse cantor, pediu para que eu o levasse para que pudesse conhecer o seu ídolo. Então, o levei comigo.

Em meio à gravação, o Livinho percebeu que precisava de mais letra para complementar a batida. Isso é algo mais específico do tipo de música dele. Aí o Gaab sentou e escreveu uma letra e apresentou para ele. O Livinho gostou e ali os dois ficaram amigos.

Nessa mesma reunião, ainda apresentei o Gaab para o Rodrigo, da GR6 e pedi para que ele ajudasse meu filho a lançar um trabalho. O Rodrigo perguntou se ele cantava Funk, mas o Gaab disse que não, que o estilo musical dele era o black, algo mais próximo do R&B, do Soul. O Rodrigo explicou que a GR6 tinha experiência no mundo do Funk, mostrando um pouco da sua dificuldade. Eu o chamei no canto e incentivei a gravar o estilo do Gaab: "Rodrigo, deixa ele gravar o disquinho dele do jeito que ele gosta, e depois a gente vê o que acontece".

Assim, em 15 de setembro de 2017, o Gaab lançou seu segundo álbum intitulado "Melhor Viagem", que teve como singles "Cuidado", "Tô Brisando em Você", "Tem Café", "Positividade", "Vai Passar" e "Melhor Viagem".

Nessa mesma época, a namorada dele engravidou da Heloísa e eu via a história se repetindo, afinal, ele tinha a mesma idade que eu quando a mãe dele engravidou. E não somente isso. A semelhança também estava na batalha de começo de carreira, pois ele ainda não tinha muitos recursos financeiros e trabalhava bastante para conseguir suprir as necessidades daquele momento. Ele trabalhava comigo e eu pagava cachê para ele. Eu mesmo ajudei bastante nesse começo, pagando ultrassons e outras coisas mais.

Só que depois da gravação desse disco com a GR6, alguns shows apareceram para ele. Ele me perguntou se poderia atender essas demandas, já que trabalhava comigo. E, eu disse prontamente, que não tinha problema, que qualquer coisa, o lugar dele estava garantido ali comigo.

Então, logo no primeiro final de semana que ele saiu para se apresentar, já voltou abismado com o sucesso que a música estava fazendo, pois as pessoas presentes já conheciam a letra e cantavam junto no show. Ele voltou com um maço de dinheiro, cerca de trinta vezes mais do que ele ganhava comigo. Já o instruí logo a guardar aquele dinheiro no banco e vi a necessidade de mostrar mais dele, pois ele era muito mais músico do que ele estava mostrando comigo na banda e tinha muito mais para mostrar do que mostrava.

Foi nessa época que apareceu um pouco da ideia de gravar o "Legado". A ideia do "Legado" não nasceu de um contexto comercial. Tudo começou quando eu assisti a uma série chamada "Empire", que conta sobre um pai que era presidiário e uma esposa que era produtora e que vendia drogas junto com ele. Para sair do mundo das drogas, eles usaram o dinheiro ganho com esse mundo e pensaram em produzir esse pai. O projeto explodiu, envolvendo dois filhos que cantam e outro que cuida dos negócios. O homem que faz o papel de pai na série, sempre fala muito sobre legado, que seus filhos devem dar continuidade em seu legado. Aquilo me despertou: eu tenho filhos que cantam, minha esposa canta.

Pouco antes disso, eu estava montando um projeto, o "Rodriguinho Em Família", que seria composto por mim, a Nanah, o Dan (meu irmão), o Gaab (meu filho) e o Marquinhos (um primo meu). Só que o nome dava a ideia de que o Rodriguinho queria empurrar a família dele goela abaixo para o público. Porém, depois de algum tempo, o Dan estourou; mais algum tempo, e o Gaab estourou.

Então, um dia estávamos em casa tocando por diversão, com o Gaab tocando uma música que ele compôs; aí, com a mesma nota, eu cantava uma música minha. Testamos outras músicas. Gostamos do resultado. Estava ficando com um som muito legal. E em meio àquele momento de diversão, pensamos que seria bom gravar aquela experiência.

Depois de ver um vídeo do Justin Bieber cantando com violão, chamei o Gaab e disse que o que precisávamos fazer era algo naqueles moldes. Começamos com algo despretensioso. Então, fizemos uma gravação em vídeo e disponibilizamos. Algo bem simples mesmo. Eu de chinelo, sem muita produção. O Gaab de moletom.

Vinte dias depois a música viralizou: Marília Mendonça estava cantando, o Neymar também, assim como cantores sertanejos e de Rock. Algo que não esperávamos. Mas viralizou! E começamos a receber contatos para contratar esse show. Mas não existia esse show! Então, pensei comercialmente em montar um show, já que houve essa procura.

Então, comecei a pensar num formato com o Gaab, depois o tio Mr. Dan; começamos a gravar. Mas no meio do processo pensei no Dan ainda. Aí o chamei para participar. Na época, ele tinha assinado com uma gravadora e estava começando a bombar na carreira. Quando fiz o convite, ele topou na hora. Misturamos um pouco das nossas bandas para esse projeto também.

Começamos a organizar o show. Convidamos pessoas que tinham a ver com a gente. O Livinho, por exemplo, foi um cara que investiu no Gaab; a Petra, mesmo eu sendo empresário dela, tem o lance do legado pelo fato de ela ser filha do Maurício Mattar; o Lucas Morato é filho do Péricles, mesmo lance de legado; o Thiaguinho, por toda a história que já contei aqui, se envolve no mesmo caso de legado, além de ser um grande parceiro e de ter muitas de suas músicas no disco; o Ferrugem, porque quando ele se casou, fez isso numa festa de noivado, deixando o casamento como surpresa, e chamou meu irmão para cantar na festa, porque a noiva dele adorava as músicas do meu irmão, e isso foi inesquecível, não tinha como deixar o Ferrugem de fora; a Nanah, a Vitória, o Maquinamente... Enfim, todo mundo tinha a ver.

No dia da gravação ficaram mil pessoas do lado de fora e três mil no espaço interno. E o que me impressionou é que era uma quarta-feira, meio de semana. A gente nem imaginava que seria assim. As pessoas cantavam as músicas do "Legado" gritando, e isso, do início ao fim. A gente fundia um pouco de algumas músicas, apresentando algumas daquelas canções que passaram despercebidas em nossas carreiras, com outras que já estavam fazendo ou que já fizeram bastante sucesso. E o sucesso do "Legado" é a base familiar.

O envolvimento da família no "Legado" é fantástico! Todos estão juntos, ajudando, trabalhando... E outra coisa que contribuiu para o nosso sucesso é a originalidade. Não nos preocupamos em simplesmente seguir as tendências do momento. Seguimos o que gostávamos e seguimos uma sinceridade de conteúdo de letras, sem aquelas letras de contos de fadas, mas pensando em realidade.

Capítulo 9

A carreira de produtor

Acervo pessoal. Foto: Thiago Bruno

Minha carreira como produtor tem muito a ver com o que aprendi com duas pessoas do mundo artístico. A primeira é o Leandro Lehart, do grupo "Art Popular", e a segunda é o Prateado, que já foi do grupo "Sensação".

O Lehart produziu nosso primeiro disco no "Muleke Travesso". Na época, o Art Popular já estava estourando de sucesso pelo Brasil. Tínhamos gravado uma música, a faixa "Coisa Boa", com outra pessoa, e depois gravamos o restante do disco com ele. Foi a primeira vez que eu tive contato com um produtor de verdade, profissional. A nossa música "Coisa Boa" já tinha feito algum sucesso. Então o Leandro já tratava a gente como artistas.

Ele tinha um modo diferente de ver a produção. Se algum barulho diferente o chamasse a atenção, como o cair de uma garrafa no chão, por exemplo, e ele percebesse algo de bom naquele som, ele já pensava logo em como inserir na música. Imagine alguém fechando uma porta com um pouco mais de força: "paahh". Ele conseguia imaginar como aquele som seria útil na música.

Ele tocava de tudo. Eu me lembro de que na gravação do primeiro disco, tínhamos pouquíssimos músicos: um baterista, um baixista e um percussionista. O restante dos instrumentos ficava com o Lehart. Ele tocava violão, cavaco, teclado, tudo! Aquilo era incrível para mim.

Uma experiência que tivemos com a Sony Music foi bem fria. Mas o modo como o Lehart fazia o seu trabalho de produção era completamente diferente. Aquilo me fez ver a importância da produção e de querer aprender mais sobre aquilo.

Outra coisa que me marcou muito quando eu conheci o Leandro e que me fez querer ser produtor, além de ter estabelecido muitos princípios para que eu me tornasse o produtor que eu sou hoje, foi o incentivo dele de focarmos o nosso melhor do nosso trabalho, de não ficarmos terceirizando tudo, mas de valorizarmos o nosso gosto.

Aprendi isso com ele numa vez que estávamos gravando, e peguei o cavaquinho dele para tocar no canto. Eu tentava imitá-lo, pois a técnica que ele tinha para tocar era impressionante. Então, depois de ouvirmos a base do som, ele disse que agora faltava inserir o cavaquinho. Eu pensei: "Legal, agora eu vou vê-lo tocar". Mas, para minha surpresa, ele disse para eu tocar. Eu disse: "Não, você toca melhor do que eu. Toca você". Ele logo me devolveu: "Rodrigo, o disco é seu, o som é seu, não tem que ser o meu som. Esse é o problema do nosso segmento. A gente pega um monte de músico de fora e não dá valor para quem está aqui dentro. É você mesmo quem vai tocar". Então fiquei motivado e toquei cavaquinho, banjo, violão, mesmo sem ser aquele músico espetacular.

Hoje quando vou produzir alguém, gosto de saber se esse artista também toca. Se sim, gosto de ouvi-lo tocando primeiro. Se o som é bom, então já deixo que ele mesmo grave. Banda de Rock é muito assim. A gente percebe bem a diferença entre as bandas porque cada uma delas tem seus músicos e eles fazem o som deles mesmos. Não fica algo repetido, porque tem a identidade do grupo e dos músicos. Já o samba, por muito tempo, gravou sempre com os mesmos músicos e a semelhança era grande em muitos casos. Só mudava a voz.

O Leandro e eu nos tornamos grandes amigos. O maior sucesso do "Muleke Travesso" foi uma composição dele, que é a música "Você Em Mim". Essa música era cantada pelo Mitcho. Inclusive, o Leandro já ajudou muito o Mitcho. Teve uma época que ele até cedeu um lugar para que o Mitcho morasse temporariamente.

Mas também já chateei o Leandro. Foi numa fase minha em que deixei a soberba sobressair. Coisa imatura, de moleque. Fomos convidados para um programa de televisão e quando chegamos perto de um camarim, eu já ia entrando, quando a pessoa que nos acompanhava na rede de televisão avisou que aquele camarim, especificamente, já estava ocupado. Perguntei por quem e ele respondeu que era pelo Art Popular. Nessa soberba, eu disse: "Ah, então não tem ninguém". Falei e continuei andando. Porém, o Lehart estava bem atrás de mim quando eu disse isso e ouviu. Desde então, ele nem me cumprimentava e nem falava mais comigo direito. Mas, na minha cabeça, naquele tempo de imaturidade, eu pensava: "Ele está com inveja".

Com uns 16 anos eu conheci uma moça chamada Camila. Ela era muito louca! Mas ela foi importante para que eu caísse na real daquela imaturidade. Ela já tinha trabalhado com o Leandro. A gente se conheceu de uma maneira bem inusitada. Ela era uns dois anos mais nova do que eu. Um dia, ela me chamou para irmos a um show da Fernanda Abreu, no Palace.

Eu não acreditava que conseguiríamos entrar por causa da idade dela. Mas ela disse que daria um jeito, pois conhecia o segurança da Fernanda. A gente foi para o show, chegamos na parte de trás do estacionamento, onde estava o tal segurança, um homem negro bem alto e forte. Não é que ela o conhecia mesmo? Ele a reconheceu, a abraçou e liberou para entrarmos.

Aquela foi a primeira vez que eu vi um grande show. Um cenário muito bem elaborado, as músicas eram incríveis, apesar de eu não conhecer quase nenhuma, mas com tudo aquilo que vi, fiquei impactado com toda aquela produção. Inclusive, pensei: "Se é para ser artista, quero ser artista assim". Aquela experiência no show foi muito boa!

Mas aquela noite não acabou ali. A Camila me chamou para irmos ao camarim. Conseguimos entrar. Conversei com os músicos, conversei com a Fernanda Abreu. Dali, eles iriam para outra festa, na cobertura do dono da Ellus, que era patrocinador daquela turnê. Quando dei por mim, estava naquela cobertura. Todo mundo bem vestido, de branco, enquanto a Camila e eu meio largados.

Daquela festa fomos para outra festa, numa boate. Eu nunca tinha visto aquilo na minha vida: várias pessoas se beijando, homem com homem, mulher com mulher, tocando "Celebration" do "Kool and the Gang". A Fernanda Abreu já entrou balançando os braços, dançando. Ali eu vi um pouco do mundo artístico, de grandes shows, de *after*.

O tempo passou. Depois de desencontros com a Camila, voltamos a nos ver alguns anos depois. Eu já tinha ganhado mais idade e ela já tinha trabalhado com o Art Popular um pouco antes. E, agora, num trabalho que ela veio fazer comigo, ela comentou que eu dei uma grande mancada com o Leandro Lehart. Eu perguntei qual. E ela descreveu exatamente o que aconteceu, de eu ter dito que o Art Popular não era ninguém, naquele episódio do camarim.

Eu me assustei. Perguntei como o Leandro tinha ficado sabendo disso e ela me contou que ele estava atrás de mim. Um tempo depois dessa conversa, reencontrei o Leandro num programa de TV. Ali eu tive a oportunidade de falar com ele sobre essa ocasião. Comentei com ele que aprendi muito com ele e que eu havia estranhado a mudança dele comigo, mas não sabia o que estava acontecendo, mas que agora eu sabia. Eu pedi desculpas para ele, reconheci o meu erro, disse que fui um babaca e foi um grande erro da minha parte.

Ele me deu um abraço, apertou minha mão e disse que eu estava desculpado. Foi um alívio. Ele é uma pessoa muito especial, um profissional com quem aprendi muito. Nossa amizade ali foi reatada e até hoje somos grandes amigos. Inclusive, o primeiro álbum do Legado, que é só violão e voz, ele me cedeu o estúdio dele para gravarmos. Logo em seguida, ele já começou a mixar o disco e eu pedi para ele me enviar para eu afinar as vozes. Ele disse que não era para afinar nada, porque estava bonito daquele jeito. Eu confiei nele e foi o sucesso que foi.

A segunda pessoa que me inspirou muito é o Prateado. Ele é o meu professor de produção. Eu o conheci tocando no "Camisa Verde e Branco", uma escola de samba de São Paulo. Todo sábado eu ia lá com meu pai, minha mãe e meu irmão. Ele tocava contrabaixo no grupo "Sensação" e eu o admirava demais tocando.

O "Negritude Júnior" sempre tocava lá. E incendiavam o lugar, por sinal. Quando terminava a programação, eu sempre via o pessoal do grupo saindo com os instrumentos debaixo do braço. O Netinho carregava conga, um instrumento pesado. E eles sentavam ali perto esperando pelo ônibus no ponto, do outro lado da rua.

Eu os via voltando de ônibus e percebia que o sucesso nem sempre tem a ver com o dinheiro. A primeira vez que eu vi isso foi quando fui à casa do Mitcho, aquele lugar simples, e o grupo "Toca do Coelho" já fazendo algum sucesso.

Mas, voltando ao "Prateado"... Quando começamos o "Muleke Travesso", precisávamos de outro produtor. E a pessoa que fazia esse trabalho conosco era justamente o Prateado. E ele é uma figura! Aquele jeitão extrovertido, falava alto, gritava, brincava com todo mundo, sempre muito zoeira. Como produtor, ele também é sensacional!

Aprendi muito com ele. Um momento que tive aquele insight de ser produtor foi num dia que estávamos gravando várias músicas e, quando deu próximo de 19h, ele disse que precisaria sair para ir tocar no show do "Sensação", que naquela época fazia bastante sucesso. Ele combinou comigo de voltar às 23h, depois do show, para continuarmos.

Fiz o bate e volta de metrô. Cheguei lá às 23h. O estúdio estava vazio. Ele não tinha chegado ainda. Estava só o técnico de som lá. Estava bem silencioso. De repente, escutei um ronco de motor. Olhei pela janela e era uma Mitsubishi vermelha parando ali. O silêncio foi embora. Ele sempre falando alto, gritando, agitado, já entrou fazendo o barulho característico.

Então, ele desceu junto com o Carica, que era o seu parceiro de composição, e duas japonesas. Aquilo me chamou a atenção. Ele me viu olhando para o carro e já brincou logo, extrovertido: "Ah, você quer um desses, né? Aí, tem que cantar direito então!" Logo depois, ele perguntou: "Que música você vai querer cantar?" Eu disse: "Tu Mandas No Meu Coração", que depois veio a fazer bastante sucesso.

Essa música tem uma história interessante. Eu a gravei num take só. Na época não tínhamos recursos para afinar a voz e coisas do tipo. Por isso, gravávamos muitos takes. Às vezes, gravávamos apenas uma frase, depois outra e assim por diante. Mas, essa música foi gravada numa única vez.

Mas, por que isso aconteceu? O Prateado disse para o técnico deixar, que ele iria cuidar da gravação. Sentou próximo à mesa de som e colocou a japonesa no colo. Eu lá dentro do aquário do estúdio, vendo aquilo, o ambiente escuro (pois eu tinha vergonha), e ele gritando: "Vai, meu velho! Vamos cantar!" Quando eu comecei a cantar a música, ele começou a beijar a moça. De vez em quando, eu dava uns improvisos, aí ele sinalizava com um joia pelas costas da moça, enquanto continuava a beijá-la, dizendo que estava bom.

Terminei de cantar e fiquei esperando ele dizer para gravar de novo. Pouco mais de um minuto e nada. Até que, de repente, escutei ele falando alto e firme, como lhe era característico: "Vem ouvir!" Escutei a gravação. Ele perguntou: "E aí, meu velho? Gostou?" Eu respondi: "Gostei, mas eu podia fazer melhor". Ele logo retrucou em alto e bom som: "Podia não! É isso aí mesmo que vai ser". Uma gravação bem fora do normal!! Mas, curiosamente, a música que menos fiz edições, é a que estourou.

O Prateado é muito engraçado. É aquela figura que gosta de colocar apelido em todo o mundo. Ele me chama de Bradock, a Nanah é a formiguinha, a Aline é a formigona e o Thiaguinho é o pássaro preto. Temos amizade até hoje. É uma pessoa espontânea.

Uma vez estávamos numa reunião de repertório. Um menino tocava cavaquinho. Ele perguntou para o Prateado se não podia gravar umas duas músicas tocando o cavaquinho. E no nosso meio, temos o Mauro Diniz que é o rei do cavaquinho, alguém que todo mundo chama para gravar. O rapaz, depois de perguntar isso para o Prateado, escutou logo, naquele estilo de falar gritando: "Meu velho, se você quiser que fique uma droga, você grava; mas, se você quiser que fique bom, Mauro Diniz. Aí você escolhe: bom ou uma droga! Bom ou uma droga! Bom ou uma droga! É com você!"

Quando eu fiz sucesso, e depois de fazer umas tatuagens, ele veio brincar comigo: "Eu quero saber onde está escrito Prateado no seu corpo. Você deve essa homenagem a mim!" Risos!!!

Ele inventou um jeito de tocar baixo no samba, que hoje ele é o melhor nisso. Todo mundo quer gravar com ele. Uma vez, uma pessoa pediu para ele gravar o baixo numa música. Em cinco minutos, ele gravou. A pessoa deu aquela questionada: "Nossa! Você cobra caro e grava em cinco minutos?" E o Prateado respondeu: "Cinco minutos de gravação, mas 35 anos de estudo, meu velho!"

Já vi outros casos em que alguém foi contratar o serviço dele e quando o Prateado foi comentar um modo melhor de fazer, o contratante não aceita e alega estar pagando. Ele, de imediato, nessa coisa espontânea, respondia prontamente: "Ah, você está pagando? Quer dizer que está pagando?" Aí pegava uma mala cheia de dinheiro e devolvia o valor pago, retrucando em seguida: "Não está pagando droga nenhuma! Some daqui!"

Eu já tive uma briga com ele. Ele fez os dois primeiros discos do "Os Travessos". No terceiro disco, contratamos o Arnaldo Saccomani (outra pessoa que também foi um mestre para mim). Nessa ocasião, os dois se desentenderam. Mas, o disco estourou! Uma das músicas foi a segunda mais tocada do Brasil no ano. A primeira era uma internacional, da Lara Ferber; a segunda, a nossa; e, a terceira, a da Ana Carolina. Esse ranking saiu na revista "Isto é".

No próximo disco, o Prateado disse que se o Saccomani fosse trabalhar, que ele não iria produzir. A Neusa já ficou no time do Saccomani. E numa reunião, foi decidido que o Prateado sairia então. Só que chegou aos ouvidos dele que fui eu quem tomou essa decisão. Ele ficou bravo comigo e saiu falando mal do disco por onde passava. Sua palavra sempre teve muito peso.

Ficamos até sem nos falar. Depois que saí do "Os Travessos", num projeto solo, o Tom Capponi (um profissional muito bom, premiado por trabalhos com "O Rappa", "Maria Rita" e "Kelly Key") comentou logo que, quem deveria produzir esse disco novo tinha que ser o Prateado. Eu comentei com ele que o Prateado não gostava de mim, que tínhamos nos desentendido. O Tom pegou o telefone e ligou logo para o Prateado, dizendo: "Prata, tudo bem? Estou com o Rodriguinho aqui". O Prateado já respondeu: "Ih, meu velho! Lá vem conversa fiada". Como o Tom conhecia bem ele e o jeito dele, deu risada, levou na brincadeira, mas convenceu o Prateado com jeitinho.

O Prateado disse que se eu fosse no futebol onde ele estaria às 19:30h, que ele conversaria comigo e me produziria. Eu consegui chegar lá. Esperei por ele. Quando ele chegou, perguntei: "E aí, Prateado, tudo bem?" Ele disse: "Não está nada bem, não!" E emendou logo: "Você vai esperar eu jogar meu futebol! E quando eu acabar de jogar, a gente conversa!"

Fiquei lá esperando aquelas duas horas de futebol. Quando acabou, me aproximei dele pensando que já iríamos começar a conversa, mas ele já disse logo: "Não vamos falar agora não. Você vai esperar eu tomar o meu banho e depois que eu acabar de tomar banho a gente conversa!"

Esperei mais uns quarenta minutos. Finalmente, começamos a conversar. Ele perguntou: "O que você tem para falar?" Eu disse: "É sobre o disco. Preciso que você grave ele. Você é o cara!". Ele retrucou na hora: "Eu sou o cara?! Então agora eu sou o cara?! Na hora de me tirar eu também sou o cara?" Eu respondi: "Não estou entendendo essa coisa de tirar. Eu não tenho força para tirar ninguém". Ele explicou que disseram a ele que fui eu quem o tirou da produção do disco do "Os Travessos". Eu expliquei que não tive nada a ver com isso. Ele parou um pouco, pensou, e, em seguida, respondeu: "Ok, meu velho! Vou fazer o seu disco. Ele vai estourar. Mas, se você me tirar do segundo, você já sabe como eu sou!" Ele produziu o disco. Esse álbum até não estourou tanto. Mas, o segundo, o "Uma História Assim", que também foi produzido por ele, bombou!

Capítulo 10

Os filhos

Acervo pessoal. Foto: Enrique Gonzalez

Os filhos são os maiores tesouros que possuo. A carreira me privou de muita coisa boa no passado e hoje vou aproveitando melhor o tempo com eles. Tenho três filhos, duas filhas e uma neta. Vou falar um pouco deles aqui, do mais novo para o mais velho.

A Nanah me deu um dos maiores presentes da minha vida, que é o Jaden, uma das crianças mais dóceis que você pode conhecer. É uma criança incrível, muito inteligente e que me ensina diariamente uma série de coisas! Eu costumo dizer que aprendi a ser pai de todos os filhos depois que o Jaden nasceu. Até porque os outros filhos nasceram em meio àquela correria toda de shows e o Jaden não. Ele veio em outra época.

Com a vinda do Jaden, vimos coisas muito boas acontecerem, como uma melhor união das nossas famílias. Não que tivéssemos algum problema de relacionamento, era só uma questão de distância, de logística mesmo. Mas o Jaden juntou todos nós. Ele fez todo mundo se gostar, todo mundo se falar.

Estou separado da Nanah há quase um ano. Mas eu percebo que se ele e a Aretha não existissem, muita coisa ia ser mais difícil, pois tanto eu quanto a Nanah fazemos tudo o que podemos por eles. Mas o interessante é que o Jaden é o que cobra mais isso. A Aretha já está mais adolescente, então entende mais essa situação da separação. Mas ele cobra.

A cobrança dele chega a ser engraçada. A Nanah chama para os três viajarem; ela, o Jaden e a Aretha, mas ele não aceita se eu não for junto. Ele diz logo: "O pai tem que ir". Ela tenta argumentar que estamos separados, mas ele não arreda o pé. Tanto que, mesmo depois de separados, nós fizemos várias viagens só nós quatro.

E as pessoas não entendem essa loucura. Elas perguntam: "Mas, como vocês estão separados, se vocês ficam tão juntos?" E eu tenho certeza que, além do respeito que a gente tem um pelo outro, sem dúvidas, um motivo para que a gente experimente isso tudo é o Jaden.

Mas ele não junta apenas a gente. Ele junta todas as crianças, todos os irmãos, primos etc. O Gaab tem 22 anos, o Júnior tem 17, a Aretha 16 e a Vitória tem 14. Mas ele dá conta de juntar todo mundo. E dá conta de brincar de igual para igual com todos eles. Ele consegue alegrar a casa. Aliás, ele mesmo é a alegria da casa!

A Vitória é a minha segunda filha mais nova. E ela é a que mais se parece comigo. É a mais turrona. Ela tem muito da minha personalidade. Se alguém não quer mais ter amizade, ela não fica ressentida com isso. Ela simplesmente diz: "Ok, então!" Se alguém diz "Não vai fazer tal coisa", ela já logo segue o caminho, dizendo, "Ah, não vai fazer? Tudo bem, então!" E vai embora. Ela está sempre certa, não é de voltar atrás e é teimosa. Não pede desculpas, pois sempre tem um argumento que lhe dá razão. Enfim, puxou o pai! Risos!

Mas também é uma das mais talentosas. Canta demais! E também compõe canções muito lindas. Só que o curioso é que ela não quer seguir a carreira artística. É a única que não quer! Mesmo assim, ela tem lá os seus sonhos de andar de jatinho. Ela consegue ver as coisas já na frente, tem a visão dos seus sonhos.

O Júnior, que tem 17 anos. Rodrigo Júnior. Descobri que ele gostava de música há pouco tempo. E já fiz essa descoberta num momento em que vejo muita intensidade dele nessa área. Isso ele herdou de mim. Eu também sou muito intenso com a música. Ele é muito focado e determinado. Sabe o que quer. Não olha para os lados se aparecer alguma distração. É um rapaz bastante feliz, aquele *good vibe*. Está sempre tranquilo e sempre alegre. Às vezes, isso dá até raiva, pois estamos bravos com algo e, de repente, chega ele com aquele rosto alegre, dando risadas.

A Aretha é aquela filha que a Nanah já trouxe para mim pronta. É um amor. Uma doçura. Alguém muito inteligente e superextrovertida. Carinhosa ao extremo: não pensa duas vezes para me dar carinho e nem para dizer "te amo". Todos os dias antes de dormir, ela fala "te amo". Todos os dias: "beijos, te amo! Qualquer coisa, me chama". É um amor que não dá para explicar. Tanto o que eu tenho por ela e o que ela tem por mim.

O Gaab é meu primogênito. Eu me arrependo de não ter sido tão pai para ele, por causa daquela correria toda de shows, como já descrevi. Eu até tento voltar para ter com ele algumas coisas que perdemos lá atrás, mas, infelizmente não consigo mais. E aí quando eu penso que não dá para melhorar mais, ele me deu a minha neta, a Heloísa, que é a minha vida também. E ser avô é ser pai duas vezes.

E eu tenho muito orgulho do Gaab. Ele é incrível. Quem ele é na carreira, ele é na vida íntima. Ele conseguiu trilhar esse caminho melhor do que eu. Ele não tem o alter ego, aquela vida dupla, que eu tive, aquela coisa de ser o "Rodriguinho" e o "Rodrigo". Ele é o Gaab o tempo todo. E eu só tenho a dizer que sou muito orgulhoso desse meu filho. Muito mesmo!

Capítulo 11

Lições da vida artística

Acervo pessoal. Foto: Geisi Abondanza

A minha fase na carreira solo também me trouxe maturidade, embora isso não tenha acontecido de uma vez. O mundo artístico faz a gente perder muitas coisas, desde dinheiro a tempo de qualidade com a família. Já comentei como não pude participar do velório do meu pai e nem como não pude ver os primeiros passos do Gaab e nem quando ele começou a falar.

A vida artística mexe com nossa vivência e molda até mesmo o nosso caráter. Pagamos o preço de estarmos tão envolvidos que às vezes deixamos outras coisas importantes de lado. O final do meu casamento tem muito a ver com isso. Minha ex-esposa sempre esteve junto comigo na estrada, na vida profissional. E, quando estávamos em casa, eu era o "Rodriguinho", isto é, o artista, quando precisava ser o "Rodrigo", o marido, o pai.

Nessa fase de maturidade, aprendi a olhar para trás a fim de tirar lições. Aprendi a reconhecer meus erros. Quis me conhecer melhor e desafiar meus limites internos, interpessoais. Comecei a fazer mentoria e muitas dessas respostas começaram a ser encontradas.

Durante algumas sessões de mentoria, percebi alguns dos meus defeitos e tenho trabalhado para melhorar isso dia após dia. Uma delas é a "Síndrome de Jesus", algo comum em pessoas bem-sucedidas, de achar que podemos fazer tudo, falar tudo, que qualquer coisa que dissermos as pessoas seguirão etc. Por meio desse acompanhamento, vi minha característica controladora.

Eu via minha ex-esposa, a Nanah (na época estávamos casados), postando fotos de biquíni em redes sociais e aquilo me incomodava muito. Eu não gostava e queria controlar até nisso. Quando nos divorciamos, eu ainda me sentia muito incomodado com isso. Mas, fui aprender a lidar melhor com isso quando entendi que eu não precisava ver aquelas fotos. Então, parei de seguir nas redes sociais. Isso me ajudou a dominar meu comportamento controlador.

Embora não estejamos mais juntos, hoje tenho aprendido a lidar com essas questões que me incomodavam e me faziam querer ter o controle. Quando nossas vidas se cruzam, eu a trato como uma rainha. Quando ela vai embora ou eu vou embora, então não fico mais perguntando onde ela está, com quem está, ou o que está fazendo. Abrir mão de ser controlador está sendo muito bom para mim também.

Algumas coisas que costumam acompanhar o sucesso, como a ostentação e outras atitudes afins, têm muito a ver com a imaturidade. Num momento da minha vida, por exemplo, eu estava com quatro motos. Porém, depois percebi que elas estavam empoeiradas, pois quase não eram usadas. Eu parei e pensei: "eu só tenho um corpo, para que ter quatro motos?" Então as vendi.

Hoje, num momento mais maduro da minha vida e da carreira, vejo muitos artistas cometendo os mesmos erros. Não os julgo. Há coisas que fazem parte do processo da vida. E, nessa fase, se conversarmos com um jovem no começo de seus 20 anos que está fazendo sucesso e dissermos que alguns de seus atos são errados, ele provavelmente não irá ouvir. Vi amigos próximos seguirem caminhos assim também. Mas, é como eu disse. Faz parte do processo da vida. Quando a maturidade chega, olhamos o mundo de outra forma.

Humildade certamente é outro ponto chave para a vida, em geral, mas também para a artística. Quando aprendemos a trabalhar em equipe, a ouvir as opiniões de fora, daquelas pessoas mais experientes, podemos errar menos. Assim, humildade é algo que precisa fazer parte do nosso dia a dia.

No entanto, preciso também mencionar que, nesse mundo atual, globalizado pela internet e cheio de vozes nas redes sociais, as coisas estão muito perigosas. Digo isso porque é muito mais fácil hoje as pessoas pegarem um evento isolado, recortado de seu contexto e compartilhar sem se preocupar com a verdade e com os efeitos que isso pode trazer.

Se alguém vê um artista maltratando ou não tratando tão bem algum fã, logo, muitos pensam que esse artista é assim na vida e que maltrata todas as pessoas ao seu redor. Esse artista acaba sendo visto como alguém sem humildade com base numa ação que não representa a totalidade da sua vida.

Mas a mentoria também me ajudou a enxergar mais coisas, inclusive os pontos positivos. Um deles é a minha personalidade, a minha firmeza nas decisões. O mundo artístico não recebe bem aquelas pessoas indecisas, que se deixam simplesmente levar pelas tendências. É preciso saber o que quer, onde se quer chegar e ser firme nessas decisões.

Essa personalidade firme tem sido boa na hora de decidir pelos caminhos, pelas opções. Não me baseio apenas no que o mercado artístico diz. Tenho meus gostos pessoais. Tenho aprendido a ser o "Rodrigo" em todos os universos que passo. Não preciso viver uma vida tripla de "Rodriguinho" artista, "Rodriguinho" empresário e "Rodrigo" pai de família. Quero ser o "Rodrigo" em qualquer lugar e qualquer momento.

Essa firmeza de personalidade e a melhor descoberta dela nessa fase de maior autoconhecimento e maturidade só tem feito bem. E junto disso a base familiar. No início da carreira, eu não valorizei tanto a família quanto era preciso. Mas, nessa nova fase de maturidade e autoconhecimento, não tenho dúvidas de que a família precisa ocupar um lugar central. Tem dinheiro que não vale a pena pegar. Nem todo ganho vai ser mais importante do que família.

E não é só isso! Tem questões de princípios também. Eu já fui convidado para entrar na política, para concorrer a deputado. As pessoas queriam me ensinar todos os caminhos e demonstravam como acontecem fluxos de dinheiro fácil, com o argumento de que se eu não pegar aquele dinheiro, outros pegarão. Porém, isso é um absurdo. Com minha personalidade forte e meus princípios foi fácil dizer não.

Mas a gente também aprende para o que e para quem dizemos sim. Nessa vida artística, em decorrência da fama, recebemos muitos convites. Alguns bons e outros ruins. Muitas pessoas se insinuam. Mulheres se oferecem. Temos que tomar cuidado. O mundo atual é perigoso. As redes sociais nos expõem com muito mais facilidade e agilidade.

Não precisamos pensar muito longe: temos visto escândalos de jogadores de futebol e de outros artistas que acabam sendo expostos a situações complicadas. Nossa cautela tem que ser grande, pois alguns casos podem prejudicar nossa carreira para sempre.

Outras pessoas se aproximam da gente apenas pensando em se beneficiar, em tirar algum proveito. Quando vejo que alguém realmente tem potencial, procuro ajudar. E quando não tem, procuro ser honesto e sincero, dizendo a verdade para essa pessoa. Se o ramo dela for outro, eu explico, sem ferir a pessoa, é claro, essa realidade.

Muito do que aprendi nesse mundo artístico eu devo à minha antiga empresária, a Neusa. Hoje, eu sou quase uma cópia dela em muitos pontos desse mundo. O que posso fazer para ajudar novos talentos, eu faço. Sei que nem todos querem ouvir. Eu respeito o processo de todos.

Mas o mundo artístico é cruel, muitas vezes. Ele não espera pelos resultados com paciência. As gravadoras nos apoiam enquanto damos o retorno financeiro, se não dermos nos cortam rapidamente e sem dó. Eu deveria ter enxergado "Os Travessos" como um trabalho. O sucesso às vezes leva o artista a ver a vida como uma diversão, festas, prazeres, mulheres e muito dinheiro sendo gasto com coisas supérfluas. Mas aprendi muita coisa. E quem eu puder ajudar, eu ajudo.

Um exemplo é o do Mitcho, alguém que tenho um carinho muito grande, além de memórias muito boas, de quando ele me ensinou a tocar e de quando cantamos juntos desde crianças.

Porém, quando ele se envolveu com o mundo das drogas, infelizmente também se afundou cada vez mais. Em função dessa vida, acabou sendo preso. Ao todo, ele passou na prisão aproximadamente uns dez anos. Pouco mais de um ano depois de ele ser solto, chegou a me procurar para ajudá-lo. Ele veio humildemente, dizendo que não conhecia ninguém e que a única pessoa que ele achava que poderia fazer alguma coisa por ele era eu.

Claro que eu o ajudaria. É uma pessoa que tenho muito carinho. Ele escreveu algumas canções enquanto estava na prisão. Uma delas, inclusive, foi escrita num episódio triste, em que ele quase tirou a própria vida. De acordo com ele, quando estava prestes a sair da cadeia, ele deixou de cumprir alguma obrigação naquele mesmo dia, enquanto faltavam algumas horas para ele sair, e acabou sendo levado para a solitária.

Lá na solitária, ele pensou em se suicidar. Havia um banco, uma corda, um papel e uma caneta. Enquanto sua mente vacilava para tirar a própria vida, ele subiu no banquinho, amarrou a corda e se preparava para se matar. Mas, ele diz que ali mesmo ele ouviu a voz de Deus mostrando que ele não deveria fazer isso, pois tinha resistido até ali. Foi então que veio a inspiração para escrever a letra. Ele sentou e escreveu no escuro, ali mesmo. Estou apoiando ele desde que me procurou, então. E estamos prestes a lançar um CD.

E não é só nesse sentido que entendo a necessidade de ajudar as pessoas. Um projeto que deu supercerto é o da UNIT – Unidade Nacional de Integração e Talentos. Esse projeto foi uma ideia da minha mãe, de unir os fã clubes e tornar esses grupos mais ativos não só com relação à questão de shows e eventos, mas com relação a ações sociais.

Toda a base, isto é, o alicerce, do trabalho musical que eu fiz, seja com o grupo "Os Travessos", com a minha carreira solo como "Rodriguinho", ou agora com o grupo "Legado", está nas fãs. Sempre contamos muito com elas. E os fãs clubes sempre foram muito fortes. Tanto que os nossos empresários também sempre deram muito valor para as meninas que estavam envolvidas com esses fãs clubes.

Mas, minha mãe deu uma ampliada no propósito desses fãs clubes. Ela achava legal a interação que tínhamos com as fãs. Mas, ela se perguntava: "É só isso? Só a relação de fã e artista? De shows?" Ela achava isso muito pouco. Por isso, ela pensava que era importante usar esse carinho das fãs para que isso também pudesse fazer bem para outras pessoas. "Mesmo que essas pessoas que a gente vá agradar e fazer o bem não te conheçam", dizia minha mãe.

Então a primeira coisa que ela fez foi unificar tudo. Todos os fãs clubes do Rodriguinho tinham que estar vinculados à UNIT e não podiam se isolar com músicas, criando fãs clubes à parte, como é comum vermos por aí. Assim, ela estabeleceu UNIT's locais, por exemplo, UNIT São Paulo, UNIT Maceió, UNIT Salvador, UNIT Rio de Janeiro,

UNIT Campinas etc. E a presidente do fã clube é a minha mãe. Todo mundo fala com ela. Hoje, tem alguns grupos de whatssap, inclusive, e todo mundo se reporta a ela. Ao todo, já chegamos a ter mais de cinco mil pessoas nesses grupos.

Mas, como eu disse: a UNIT não foi pensada para ir além da questão de relacionamento fã e artista, para ir além de presença e participação em shows. A ideia da minha mãe era ajudar as pessoas. Por isso, a UNIT está envolvida com ações sociais. E os membros do grupo também são chamados a fazer parte desse trabalho. Para entrar na UNIT, a pessoa tem que entender que precisa fazer o bem para alguém, e não é o artista, mas para o próximo, para pessoas que estão precisando de ajuda.

A minha mãe tem amizade com essas meninas e muitas experiências legais já aconteceram por meio dessa interação. Às vezes eu ligo para saber onde minha mãe está e, de repente, me assusto com a resposta: "Ah, ela está em Poços de Caldas com as meninas". Ela gosta desse contato e não deixa nunca essa chama se apagar. E ela expandiu ainda mais esse trabalho da UNIT, fazendo também para o Dan e para o Gaab. E cuida de todos!

Aliás, por meio desses trabalhos, eu até fico sabendo de muito mais coisas do que se pode imaginar, mesmo se um produtor meu maltratou alguém, ou se maltratou minha mãe. É uma rede de pessoas que se ajuda mutuamente. Essa ajuda é incentivada de muitas formas. Uma delas, é por meio de gincanas, em que a UNIT que conseguir os melhores resultados de ação social, ganha um show com a presença de todos nós (o Dan, o Gaab e eu).

E as meninas se empenham bastante. Na Páscoa, por exemplo, elas se esforçam para arrecadar ovos de Páscoa e depois levam para orfanatos. Aí, elas chegam com roupas da UNIT e dizem que aquele é o fã clube do Rodriguinho que está levando ovos de Páscoa para aquela instituição. Então, de algum modo, indiretamente, é como se eu também estivesse lá.

Elas vão em asilos também. Chegando lá, levam doações e tocam músicas para alegrar um pouco a vida dos idosos. Elas, literalmente, fazem a festa. Mas, sempre vão para essas instituições com as roupas da UNIT. Então, quem enviou aquelas meninas lá, foi o Rodriguinho. Ou seja, indiretamente, estou lá participando desses eventos sociais.

Em 2020, a UNIT completou 15 anos de existência. E minha mãe organizou uma festa comemorativa que me marcou bastante. Ela pegou a ideia da festa de 15 anos, típica de meninas, a festa de debutantes. Ela fez uma festa dessas aqui no Tatuapé, em São Paulo, e vieram cerca de 100 meninas do Brasil inteiro, pois era preciso fazer o evento com número reduzido de participantes.

De qualquer modo, foi um buffet magnífico. Uma festa linda! Com meninas do Brasil todo. As meninas vieram de vestidos longos vermelhos ou vinho. Meu irmão, Dan, o Gaab e eu, fomos de smoking e tivemos que dançar valsa com cada uma das meninas presentes. Uma por uma.

Minha mãe faz esses trabalhos com muita paixão. E se tornou algo muito relevante para ela, pois ela sempre me acompanhou nos meus shows. Ela sempre ia para a estrada comigo. De um tempo para cá, porém, ela não consegue mais acompanhar a gente na estrada. Como somos três artistas, ela não consegue se dividir. Já na época que o Dan começou a fazer mais sucesso, esse acompanhamento ficou difícil. Mas, quando o "Legado" se apresenta ela vai, pois estamos todos juntos ali.

Por isso, esse trabalho da UNIT virou algo muito importante para que ela continue ligada com as nossas carreiras e para que não ajude somente a nós, artistas, mas a várias pessoas pelo Brasil. Como ela tem formação em pedagogia, ela tem esse tato com as pessoas, essa facilidade de se envolver com projetos. A UNIT é algo que deu e tem dado muito certo. É incrível.

Um último aprendizado ou lição que tiro de toda a minha carreira é em relação a como devemos tratar outros grupos que estão começando e mesmo qualquer pessoa em sua simplicidade. Não temos o direito de desprezar essas pessoas e debochar delas pelo o que vestem ou pelo poder aquisitivo que possuem. Aprendi isso na prática.

No início da carreira, sofri um caso de *bullying* que me marcou muito. Isso aconteceu quando eu ainda morava na região da Mooca. Naquele tempo, muitas pessoas usavam umas chuteirinhas de futebol society para sair. Minha mãe me deu um valor em dinheiro bem baixo, uns dez reais na época, que deu para comprar duas delas, uma vermelha e uma amarela. Eu saí animado de casa e fui até a Sé, no Centro, para comprá-las. Não me lembro a marca delas, mas eram simples, bem baratinhas. Só sei que, com esse dinheiro que minha mãe me deu, eu paguei a condução e comprei as duas chuteiras e voltei para a casa todo feliz.

Em seguida, peguei uma calça social e uma camisa social do meu pai, além de uma gravata amarela, e calcei a chuteirinha amarela. Eu ia fazer um show organizado por uma rádio, onde havia vários grupos participando. Os integrantes de um desses grupos, que eram bastante conhecidos na época, quando me viram, começaram a dar muita risada de mim. Aquilo me magoou muito.

Do lado esquerdo do camarim tinha um banheiro comunitário, cheio de portas. Eu nem entrei para o camarim, fui direto para o banheiro. Ali eu sentei num dos sanitários e comecei a chorar muito. Era um choro misto de raiva, vergonha, tristeza... Algum tempo depois, ouvi anunciarem esse grupo que fez o *bullying* para ir para o palco. E, eu mesmo, não saí do banheiro. Continuei lá, parado, ainda chorando, muito mal.

Alguém veio me chamar para sair do banheiro, mas eu não queria sair e dizia: "Não vou sair enquanto esse grupo estiver por aqui". Essa pessoa me respondeu que eles já haviam saído do palco e, então, eu saí do banheiro para o camarim e pouco tempo depois me apresentei.

Hoje em dia eu tenho contato com esse grupo, eles talvez nem saibam desse acontecimento e de como tudo isso me marcou. Mas, eu também nunca fiz nada para me vingar. Pelo contrário, até cheguei a ajudar alguns deles em outros momentos. Olhar par alguém que não tem dinheiro ou que está começando a carreira e fazer aquilo, debochar porque a pessoa está com uma chuteirinha barata, é algo desumano. Eu achei aquilo o auge da soberba.

Uma coisa é a pessoa esperar o outro sair para comentar o que achou engraçado e até mesmo rir pelas costas (o que também seria errado, no caso do *bullying*); outra coisa é rir na frente de quem se está fazendo o *bullying*, olhando diretamente para ela e com essa pessoa que está sofrendo o *bullying* vendo que está sendo alvo de deboches. Isso certamente não é legal! Precisamos respeitar as pessoas, sejam elas quem for, e não tratar ninguém com desdém pelo o que vestem ou pelo o que possuem.